ENCHER MANON · PHILIPPE BACHAND · GRATIEN J BOURGEOIS · SYLVAIN DAIGLE · CEDRIC MORIN · LINDA LALLIER · DENIS HAREL · ROBERT DUFORT · JEAN MARC A FERLAND · STEVE M GOUPIL · STEPHANIE L RENAUD · PAUL R ROZON · DENIS ST-
AIN · ANDREA M EASTMAN · GAETAN FORTIER · NORA G HILTON · NORMAND LACOSTE · MAUREEN G HOME · JACQUES GIGUERE · FRANCOISE RAINVILLE · CHOQUETTE FRANCOIS · MARC LONGCHAMPS · ANDREW RETCHLESS · FRANCOIS PHANEUF ·
LAMONTAGNE · BLOUIN MARIE FRANCE · ANGELA MARTIN · BRUNO M ROY · RACHEL E HOSTETLER · TIMOTHY N MACKEY · MARYSE THERRIAULT · BRETON SEBASTIEN · PATRICK GOSSELIN · JEAN-MARC BENARD · PASCAL AUGER · YANICK VINCENT ·
E GUIMOND · MARYSE LONGCHAMPS · JOUR 23 · NANCY DAVIGNON · GILLES MARTIN · PAUL JR DESHAIES · MARTIN C DORAIS · ANDRE VIGER · RACHEL DRAPEAU · JIMMY GAGNE · JACQUES NADEAU · MARTHE TANGUAY · FRANCISCO J PINERO ·
WATIER · LISE LAFLEUR · DANIEL DRASSE · LINDA M CHRISTENSEN · GERALD GILBERT · STEPHANE ... ANDRE LACHARITE · SILVAIN LAROUCHE · SHEILA J MACLEAN · THOMAS R MATTHEWS · MICHAEL
NER · LIETTE PITRE · MARC PURCELL · VALERIE A PLEWES · LUC DOHERTY · SERGE NOLLET · JEAN-SEBAS... JAMES A BLOUIN · JOHANNE BRUS · MARIE-EVE SINOTTE · SUZANNE E SAVOIE · MAXIME B
OCHERS · MARCEL ZAKORZERMY · MARGARET A BADGER · TIMOTHY H CLAYSON · LINDA CALUORI ... RICHARD MONETTE · JENEIFER L MATHEIS · ROGER L PAGE · MEGAN L POWELL · JAMES P
E · FRANCES M QADRI · DONALD G LINES · SHERRY T SEARS · LUC ROUILLARD · CHRISTINE M DUCO... HARVEY · SONIA QUATTROCIOCCHI · DENYS HUOT · NATALIE ROUSSEAU · FRANCOIS
LIEU · MARIE H VINCELETTE · ANDREW CATHCART · ERIC FORGET · NANCY THERRIEN · JACQUES LA... ERIC JACQUES · MICHEL R KUPIN · COLLETTE CARDIN · DANIEL LAMBERT · RICHARD
ENCE · CHANTAL LAUZON · DENIS MOREAU · ALAIN A OUELLET · LASSONDE YVON · MYLENE CHART... GAR · JEAN LAVOIE · NORMAND LALONDE · MICHEL HEBERT · HELENE P PAQUET · DANIEL
GERMAINE · GINETTE LEMIEUX · JOUR 24 · ANDRE BIENVENUE · MARIO DESAUTELS · CHRISTOPHER J ... MAND CHOQUETTE · SHEILA D HUBER · RICHARD J GOULET · BENOIT GUILBERT · CAROLE
NGER · NORMAND JR MARQUIS · LOUIS-PHILIPPE RUEL · HELENE PAQUETTE · GLENN A SHEWCHUK ... AN · SOPHIE I POIRIER · PATRICK FOUCAULT · GUILLEMETTE MAXIME · HELENE LESSARD ·
RD PLANTE · LISE ROBIN · GERARD COTE · LUCIEN JOLIN · BRIAN C PEARCE · DERAPS HUGUES ... S · PIERRE CAPLETTE · CLEMENT CHARLES · CARAYANNIS GREGORY · MANON MENARD ·
TIEN F FARKAS · BENOIT LESAGE · JEAN-CLAUDE MESSIER · GILLES VACHON · DAVE L BURGESS ... ARIO L BLANCHET · VINCENT E CHENIER · MANON DAUPHINAIS · JASON N CUROTTE ·
ENCE E LYTH · COUTURE LUC · GILLES PROTEAU · LINDA ROUX · GUY PETITCLERC · JEAN SAURIOL ... JEAN CHOQUETTE · MANON L NOEL · JUAN G PEREZ · ROBERT W KIRNAN · PIERRE LAMY
RD N TANYA · FARID TANNOUS · PIERRE USEREAU · HOLDE H TIARKS · YVES BEDARD · DIANE DAVID-NEVEU ... MON DUCHESNEAU · JUANITA GARZ · DENIS J FOURNIER · LOUISE GOYETTE · JEAN-LOUIS
UX · JENNY A LAREAU · ALFRED LAPOINTE · JACQUES F SKUTEEKI · JENNIFER L HACKBUSH · REAL QUINTIN · CHRISTINE OSTIGUY · DON A TARDIO · GABRIEL KEITH · JEAN-PIERRE GUERTIN · LOUISE CASAVANT · MATTHEW GIBB · FRANCOIS CHOLETTE ·
-CLAUDE BAITHAZAR · GHISLAIN SCHINCK · FREDERIC LAROSE · CHERYL MACKAY · MICHEL RICHARD · MARTIN SCULLY · JEAN PIERRE BEAUVAIS · JOSEE BOUCHER · LUC CHAMPAGNE · CATHY FOURNIER · JOANNA COLLINGE · YVES DESROSIERS ·
GORECKI · LORRAINE JANIGA · MICHEL COUTURE · MICHELE LEVASSEUR · PATRICK ROCH · FRANCOIS GAGNE · MARTIN GINGRAS · BRIAN KELLY · DIANE LEGARE · JOUR 25 · CARMEN ARCHAMBAULT · ROGER GOYETTE · CHANTAL FERRON · PIERRE
REAU · MANON METIVIER · PETER A ALBANO · MONA DITCHAM · DAVID G MCCALLUM · TERRY L WILSON · SEAN W MOORE · GISELE C CUNNINGHAM · MAURICE CORMIER · JOEL M BONN · MARC VAN ERUM · KARL G GARZ · WILLIAM E O GARZ ·
AUCLAIR · SILKEN LAUMANN · DANIELLE LAUMANN · RACHEL LAMARRE · LISE GOULET · CLEMENT LANOIX · KRISTINA D KNOPP · CLAUDE A LEONARD · SOPHIE MAJEAU · SHAWN W MATTON · JENNIFER L MERCIER · EDMUND S MERCIER · MARIE
E · DENIS PIANAROSA · GINGRAS MIREILLE · RICHARD R REGIS · YVON RIENDEAU · VALERIE THIBAULT · DOUGLAS T VAILLANCOURT · CATHERINE VALTON · JEAN FRANCOIS VANDRY · GENEVIEVE BELEC · CHRISTIAN COLLIN · ISABELLE BOUCHARD · STE
STEVEN · MARTINE DOYON · MAURICE J D'AMOURS · ROBERT DUBE · DANIEL FAGNANT · PIERRE J FRANCOEUR · ALYWIN MORRIS · MARCI KAWENNANORON DELISLE · GINO-LOUIS J HAREL · GILLES HOSSON · ROBERT LAPALME · ANTONIO DUMAIS ·
ELLE LABERGE · KEVIN A KEEGAN · CRAIG W MILLER · GERARD J DESROCHERS · ROGER PILON · ALLISON V HAYDEN · BRUNO LEPINE · EGON A LEU · JOHN D MATHESON · CAROLE MILLETTE · MICHAEL R MORIN · RONALD R MURIA · SONIA PICARD ·
M PLESKO · ROBERT PRIMEAU · WILLIAM A PURDY · DENIS SAINT-PIERRE · JOHN C SLAVICH · LISE SURPRENANT · SERGE TRUSSART · MARIE JOSEE DUBORD · PAUL VERONNEAU · CLAIRE VIGNOLA · HERMAN DELISLE · IAN F GOODWIN · BLAINE LECKETT
MARC LEROUX · STEPHEN B LUSSIER · YURY I MONCZAK · NELSON ROBERT · PIERRE TOUCHETTE · GREGORY R NEWSOME · BILL V MANG · LAWRENCE S OSTOLA · DOUGLAS R LION · MARK W TOBIN · JOHANNE VALLIERES · NICOLAS BARBEAU · PAUL
OS · GESCHE E SCHIMMELPFENG · PIERRE J FORGET · ELIZABETH D EVANS · DOUGAL MACDONALD · DAVID P RAFAL · LOUISE VERMETTE · PIERRE GENDRON · LOUIS G ROLLIN · MARIANNE UTIGER · YVES LEROUX · ANDRE ADRIEN J LAPOINTE · JOUR 26
COLM D PRESTON · RICHARD DANJOU · ISABELLE MERCIER · EDMUND A IDZIAK · PETER SCHLEICHER · GUY FARAND · JEAN-PIERRE THOUIN · GENEVIEVE CHOLETTE · BRIAN R HOWARD · MARIO A JOLICOEUR · CHARLES L MILOT · PAUL A VANDENYSSEL
D CHATTERSON · LUTHER CARVER · CATHERINE L MOSCO · DOUGLAS ANAKIN · VIC EMERY · JOHN EMERY · PETER KIRBY · NANCY P STEWART · JOSEPH FORNAROLO · MARNI E BRYDON · LORNE FRIEDENBERG · LESLIE A HAY · SHAWN M HAMILL ·
CK R MURPHY · JUAN-CARLOS PECA · JOSEE LANOUETTE · STEVEN W WHEELER · ROBERT VOTTERO · MARC AUBIN · KAREN C DEROCHE · ERIC BRAULT · GREGORY J BUIE · MARK G BEASSE · JANICE P SANSOM · ROBERT N LISTER · SIMON SAUVE · WAYNE
RET · DOREEN H STEIN-SACKS · LAURENT THIBAULT · LEONARD WILLETT · IAN AITKEN · RAYMOND CHADI · IAN R HODKINSON · CAROLYN DAVIES · SONNY CROTEAU · JEFFREY AK DICK · BENJAMIN ELIASOPH · ANDREW J CASSOLATO · LYNE ST LOUIS ·
D A FARRELL · HAROLD L FISHER · MICHAEL A GARBER · SUSAN IRVINE · MARC LAMPRON · BRIAN C MOSHER · FAY L KRISTENSEN · BRIAN W MURPHY · WALTER RASCHKOWAN · ZOE N COWIE · DEREK L ROLSTONE · YANICK ROSE · GUY RUEL ·
N NADEAU · FRANCIS A TOURILLON · RICHARD R CHIASSON · NELSON RIOUX · PIERRE CARPENTIER · STEPHANIE PETREMENT · TONY CIORRA · FRANCOIS F HARDY · DOMINIQUE L JAMET · SUZANNE LAROCQUE · JEAN J JOLY · CARON LOUIS · DANIEL
· YVETTE Y O'KEEFE · MICHEL PAQUIN · ANDRE PARE · PATRICK PERLUZZO · CHANTAL DESROSIERS · PATRICK SAUVE · SIMON GELINAS · FRANK PORTOLESE · JACINTHE SYLVAIN · PIERRE TURGEON · DAVID J TURNER · SYLVIE VIOLA · JOUR 27 · KATY
GREW · LORTIE PIERRE · SYLVAIN DIOTTE · PATRICK LAFLEUR · MIKE LEVESQUE · ROMEO U BASTIEN · ADRIEN BLOUIN · GUYLAIN G ROY · CHANTAL BAIRSTOW · GUY J CHATEAUVERT · JOYCE G M LY · JOSEPH ALBERT MARIO WINTER · DOUCET AMELIE ·
CAMPEAU · RICHARD BERNARD · MARIE BARRETO · MICHEL CHARLEBOIS · JEAN HUOT · MINA SCIANNAMBLO · EMANUEL MARTORANA · ANNE MATTE · SERGE MARINEAU · SUZANNE S OUELLETTE · LAURENT CUTTER · MARIE-PIERRE CARDINAL · JEAN-
E DAOUST · YASMINE CHIDIAC · MICHEL DRAPEAU · CHANTAL CLAVEL · RICHARD FOUCREAU · CAROLINE CORNELLIER · MARY C COWANS · MARIANA A FRANK · PHILIP AMALFI · JANE M O'DOWD · MICHEL KENTZINGER · LEANNE M BACCHIOCHI ·
CISCO M HERNANDEZ · ALLAN MICHEIL INNES · ROBERT MACDONALD · STEVE MAINVILLE · PATRICIA MARTIN · RICKY MARTIN · D BRUCE MCKINNON · PIERRE ST JEAN · ANDRE SIMARD · SYLVIANE SEGUIN · FRANCINE C POISSON · MARTIN R SCHILLER ·
QUE ST-CYR · EMILY L HARARI · JEREMY A SELWAY · NICOLE A MATTHEWS · NICOLAI SCHNEIDER · PAOLINA TESTA · CHRISTIAN THU-THON · GILLES TROTTIER · JOSEE TURCOTTE · DOMINIC J VINCELLI · NATHALIE VAILLANCOURT · RICHARD M
ANOWSKI · RITA VISSANI · CARL J ANDERSEN · NORMAN L BELLEFONTAINE · DANIEL LOISELLE · STEVE LESSARD · MARIO MIELE · DANIEL J AUCOIN · KELVIN J BERRY · MARTIN-PIERRE BOULIANNE · ROBERT BURNS · LAURIE C CARTMAN · ERIC DELLIERES ·
A CORBETT · MARC GARCIA · LOUISE C FONTAINE · CHRISTIAN SICARD · NATHALIE MARCEAU · ROBERT N BERLETTANO · BARBARA ANN SCOTT · ALEXANDRE HEBERT · ROGER GAGNON · SABINE S DEFILIPPO · MARTIN LAROCQUE · ORI DROR ·
RINE LEDUC · ANDRE VILLENEUVE · ALAIN PRENOVEAU · NATACHA M TENDLAND · DAVID W HOOPER · KENDRA A GRIFFITHS · TARAS MS PAWLOWSKY · CHRISTINE A JONAS · MARIANNE E NIOSI · GARY R RICHARDSON · HENRY ROSENHEK · ROGER J
SILVA A SARKISSIAN · VIET-CUONG PHAM · LINDA J STADELMAN · NEIL BERG · IVY L STEINBERG · STEPHANE ASSELIN · ELYSE GUILMETTE · PETER F SPIERENBURG · LUC GREGOIRE · JOUR 28 · HELENE PAQUETTE · MICHEL DURACEAU · HUGH P
ASSIN · RHONA WURTELE GILLIS · NORAH E GOOD · GAYNOR A PRIESTLEY · PIERRE VILLEMAIRE · BARRY J BELLWARE · JOSEE CARRIERE · THOMAS STEPPAN · JACQUES A LE BER · MICHAEL T ZEAGMAN · RIMMA N LAZZAROTTO · KARL-ROGER BOURASSA
COTE · MARIE-CATHERINE BERNARD · SYLVIE CHARRON · FRANK M BLACKWOOD · DAVID BOBALJIK · NANCY GRIFFITHS LANTHIER · FRANCIS BOIVIN · MICHAEL S BOYLE · SYLVIE E BRUNELLE · SYLVAIN CHOQUETTE · HELEN ORA COHEN · FRANCOIS I
N · GUY LEBLANC · IAN F CRAWFORD · COLIN H DAY · BRIGITTE DESROCHES · LINDA-ANN M DI DOMENICO · JULIE DUTRISAC · BILLY FRANTZESKOS · URBANO FUMAGALLI · NICOLAS GIRARD · MARK D GOLDENBERG · NATHALIE GOUPIL · EDWARD R
N · ISABELLE BELEC-PLOURDE · DEBORAH GROSS · FRANCOIS HETU · CRAIG R HUTCHISON · JENNIFER R HUTCHISON · RICHARD LAGACE · ROBYN ISRAEL · JEAN-BRUNO LATOUR · WAYNE SPOONER · CLAUDE LECAVALIER · RICHARD LOISEAU ·
TIEN LORMEAU · MICHEL NORMANDIN · PEPIN YVES · MARIO POCE · KATHLEEN E BROOS · CAROLE ROUSSEAU · JEAN ROUSSELLE · MICHEL ROZET · MICHEL SARRAZIN · PATRICIA M SEELEY · WILLIAM J SCULLION · RONY BIANCHI · ANGELA CUTRONE ·
RT J BARCLAY · CHANTAL ARSENEAU · MARC LORTIE · RAYMOND BELISLE · CLEMENT SROUR · JANE K TRAKALO · SEBASTIEN CAMPION · EVELINE GAGNE · BRIGITTE N MAYES · MARTINE DAGENAIS · STUART H LACEY · IRIS IRONS · LOUIS VANIER · JAMES
YSWYK · MICHEL BROUILLARD · DENIS G FONTAINE · DENA M THEBARGE · ANDREW K HUGESSEN · DAVID A LOWE · MARTIN VIAU · JOUR 29 · MADELEINE M CODERRE · LUC GAUTHIER · JAMES E LYNG · ROGER R BERGERON · DANIEL CLAVEAU · MARK
ALLHORN · MAUREEN L DESROCHES · TARA J MATTICKS · JEFFREY ADAMS · DANIEL T ALBRECHTSON · ELYTON H ARMSTRONG · GEORGE A BALL · REJEAN BASTIEN · ANDRE A BOILY · JULIE DOMINICK · GEORGE SHORT · BRYAN W TODD · KEITH J
ARTON · STEPHANE GAGNON · LOU A KOZELJ · GERALD LECLERC · THOMAS LEISHMAN · PATRICE P CHARLEBOIS · SCOTT A ABELSON · MARILYN G WEIR · ROBERT KALNINS · JOACHIM H TIARKS · ISABELLE RIVERIN · JULIE J THOMPSON · MAURICE
RON · GERALD BOUCHER · ROGER ARCHAMBAULT · ROXANNE AYOTTE · JOHN J MOSCO · MARC DESJARDINS · SERGE S PAYANT · MONICA G BRUINSMA · DENIS D CLOUTIER · GILLES J VAILLANCOURT · MICHAEL M RAPOSO · GREG J ZOBATAR · MARIE
E PAQUIN · ROBERT ORMOND WRIGHT · JENNIFER E MCNAUGHTON · PHILIPPE A TELLIER · ROCH CARPENTIER · ANNIE A COURSOL · RUTH R DESCHAMPS · SYLVIE GODIN · ROBERT I SETO · TONY E ROTHERAM · ERIC E PATTIN · RENE P SINGH · KEVIN K
OMBE · DANIELLE A APPLETON · PAUL MONGEON · FORTIER DENIS · BRIGITTE LANOIS · JAMES E HURD · MARIE-JOSEE L LEHHOUX · YVON Y PATRY · PETER J PRIBIL · JACQUELINE MADILL · DAVID WEBB · MICHEL R LAFRAMBOISE · JEAN-PIERRE DE
MONT · SARAH WHEELOCK · FRANCINE D CECIRE · MARTIN PLOUFFE · DENIS D BEAUDOIN · MARC-ANDRE VACHON · GUY S BRUNET · STEPHANE L DEMERS · ELISABETH G VAN EYKEN · SERGE MELOCHE · DANIEL ROZON · NORMAND J THERIAULT ·
ORTIN · LUC GIROUARD · CAROLE DUPONT · SEBASTIEN LAUZON · SYLVAIN SIMARD · SONIA ROY · PIERRE LACROIX · ROGER DUCHAINE · CLAUDIE EMOND · JOUR 30 · KAREN F DOUGLAS · KRISTI A LAMBERT · JOHN A GRUBER · LINDA JACKSON ·
ELOT R BENNETT · ARON BARRETT · LORNE M DEAN · GRAHAM D EAVES · SEAN A CLANCY · ALVIN H BLOOM · TODD D BRABANT · ANNE C BRADLEY · FRANCIS M REED LANG · DARYL C MACPHERSON · JOLANTA E MILLER · MISS CATHY A SCOTT · JUDY
AN · SUSAN M KOLAR · GARY T HALL · MICHEL ADAM · JAMES M FRASER · REBECCA P KAUFMAN · DAVID H MORROW · LAURIE T CANTIN · A PETER CLELFORD · TOM C CRABTREE · LOUIS A BERGERON · MAX DEAN · GEORGE C LAIGHT · JAMES M
THIER · GARY M HOWARD · LAURIE M GOLDMANN · KAREN HOGAN · MICHAEL P LECLAIR · JOEL RIOUX · LEANNE M ECHLIN · DR IAN ZUNDER · PHILLIP A VOLPE · MICHAEL R NOEL · JENNIFER BELFORD · MARY C MACLENNAN · JOE E MARCEAU ·
AEL J SOUTHGATE · DAULTON THEODORE · LESLEY J PAMPARARO · JEAN-CLAUDE PERRAS · CAROLYN J MOORE · BENOIT L MAINVILLE · MARC LECLAIR · KENNETH E MAUGHAN · IRVIN TAYLOR · FRANK DUNSTER · TED HIBBERD · ORVAL GRAVELLE · REG
OETER · ALBERT RENAUD · PATRICK GUZZO · ANDY GILPIN · MURRAY DOWEY · ANDRE LAPERIERRE · WALLY HALDER · ESTELLE D ESSEX · SANDY WOOLEY · RICHARD BEECROFT · CHRISTOPHER S SMITH · GLENN A ROBERTS · STEWART M RISTO · SEAN P
· JOHN J DEMARCO · GISELLE L FLEMING · ANDRE DORVAL · CATHERINE E POTTS · DAVID J MAYMAN · CAROL-ANN SHUTRON · STEVEN M JOHNSTON · JOSEE BERTRAND · FRANCINE CLEMENT · DANIEL J MCCARTNEY · ANNA M PROVICK · ROBERT C
OLDS · GERTRAUD E VOGEL · ELAINE WILLCOCK · SUK KHUAN K LUM · FRANCE M LAROSE · SUZANNE M JANELLE · ROBERT F GERARD · DEBRA M GRANTHAM · MARGARET L HYNES · ANNE E LEWIS · KIM A POWELL · MARTIN P BRASSARD · KRISTINA L
R · CORINNE CHENIER · GREG POPOFF · ALLISON JONES · KEN MACLEOD · LARRY HEGAN · DAVE HOLLINGSWORTH · JOUR 31 · CAROLE K DUCHESNE · BRUCE MACCALLUM · ALLYSON ROSSITER · WAYNE A REED · J ANDREW TONNER · LARRY ABRAMS ·
L BEAUDETTE · STEPHEN K VETTER · ANDRE O AYOTTE · SONIA MOREAU · ROBERT J BOURDEAU · GARY SANDERSON · RALPH A POFFENROTH · GINETTE BERTRAND · BRYAN G BAKER · JOHN B BOISCLAIR · DANIELLE BROUILLET · NORMAND E
TTE · KAREN BALL · CAROL PILON · STEPHEN J TAMAS · ALLAN J TAVERNER · JEANNETTE OUIMET · ROBERT K LOOS · CLAUDE LAROUCHE · DIANNE LABELLE · ROBERT W BOUGH · TOM E TODD · GEORGES R BOUGIE · MARYANN CURRIE · GEORGE C
ATT · SUSAN A TANTALO · SHELDON W HARRIS · LORNA M DRISCOLL · ROBERT A HICKS · SHANNON M HIEMSTRA · JOSEPH J KROL · ROXANNE FORTIER · LORRAINE L HUTT · DAVID G PIDGEON · DOUGLAS W SAVARY · MARK NADON · LISA L
EVIN · MARTIN J SCHOONES · MARILYN A WADE · ROBERT STANDRING · PRISCILLA L WATSON · HENRY J ZWIREK · RANDY J TYRRELL · NICOLE M VAN WYLICK · KATHY KREINER · ROBERT LALONDE · RON J HIPFNER · SUZANNE A ROSE · MARIA E
MPSON · KARL U TROMMESHAUSER · JULIE E CULL · HEATHER K NAFTEL · DAVID A BOWMAN · LYNNE H ALEX · MURRAY H CAMPBELL · ROBBIE S DOIG · PATRICIA L SOCHASKY · ROBERT G GOLLINGER · SANDRA L GUMMESON · EARL W GUMMESON ·
LEY J LAWSON · RUDY MADSEN · DAVID E MALKIN · CAHL M POMINVILLE · DAN A ROY · CORY A ALLAN · RICHARD G COVILLE · TONYA BENNETT · RHONDA EDMOND · TIMOTHY M EGAN · RONALD D GAUTREAU · CYNTHIA A GREER · RICHARD D
· LISA R JAAKKIMAINEN · FRED KELLEY · SHELLEY E LUPTON · LARA S PLAISTED · ROBERT MACKAY · JOAN M MACKINNON · TRACY A MEEKER · CLARENCE WRAY · JENNIFER WILSON · SAMANTHA L MASON · TRINH THI PHAN · CLAUDINE NADEAU · JAN
HEY · BARRY DE GRAY · DAVID W DUFFY · JASON E DUFFY · JOUR 32 · LARRY F MEEK · JULIAN A DONALD · JO WELLS · DOUGLAS C ALLPORT · PATRICIA E DAVIDSON · ROY K BROOKS · BONNY MAXINE FERGUSON · SHAWN K GLADU · WILLIAM A
AM · JACK M MAILLOUX · RAY CISLO · CATHERINE S EADY · DONALD M GLOVER · JIM R GORDON · AYNSLEY POMINVILLE · PETER C HENRY · BEVERLEY F MANEELY · STEPHEN MILLER · JAYME A O'REILLY · JEANNETTE M FROESE · MARY V SHAW · JAMES T
TON · HEATHER J DEIR · REG G FREEMAN · RUSTIN M HOLLYWOOD · SUSAN J COUPER · ALLAN T REID · BRIAN SUTTON · DAVID M MACDONALD · DR G A TAYLOR · RON J POIRIER · PRESTON S SCHIEDEL · DIANE SOULE · KARIE ARMSTRONG · GAYE B
WITH · CAROL A CARTIER · STEVEN M BLACK · ELANOR M CIRTWILL · NEAL A COOPER · MYRA K CORCORAN · HELEN LOFTIN · JAMES CORCORAN · JUDITH M DASILVA · AUBREY FLETCHER · ANNE M FERGUSON · NORMAN S HART · ALEXANDRA D
AN · LINDA THOM · FREDERICK L JARDINE JR · RICHARD DAVISON · BRONWEN M COX · PAULA L MACKENZIE · TRACEY L MALLEN · JEFFERY D MANN · DAVID H WILSON · DONNA E PETERS · MARK R OWEN · PATRICK J Y MENARD · IRENE MEAGHER ·
SHELDON · CHRIS A STEEVES · PATRICIA L TAVARES · JOSEPH A MARSHALL · GARY W MCPHIE · GUY H TOWNEND · TROY D SPETZ · KEITH D SINE · RICHARD N PAPI · HOWARD A SANDLES · JOHN STEINBACHER · ROBERT PHELAN · PAUL PRIMEAU ·
RALPH · LIETTE D LEMIEUX · CLIFFORD BROOKS · MATTHEW MENARD · ROBERT NW BABCOCK · REBECCA JOHNSTONE · BILLY J OFFICE · JOE MCNAMARA · BRYAN LAMBERT · BRENT FORREST · TYLER RIDER · COLIN TAYLOR · SCOTT HAINES · JOUR 33
RT D RENOY · RUDI A FLINTERMAN · DARREN L CHAPMAN · VICTORIA L EDGE · WILLIAM H OOSTERHOLT · KAREN M BROWN · BRYAN C GREER · SHANNON L O'ROURKE · HENRY A JANZEN · ROBERT J HUNDT · LARRY A LAMB · DEBRA WOODWARD ·
RAY J WALLER · CLAYTON R PHILLIPS · JAESON E LECUYER · LAURIE J WINTER · ANTOINETTE MONGILLO · ALEC J DENYS · ANDREW A CLAPPERTON · DANIEL R COLLADO · CHARLOTTE A ROSENBLATH · DOUGLAS A SCOTT · GREGORY N BRANT · TARA K
UGHLIN HALSEY · ROGER R CORBIN · MARGARET J BATEMAN · HARRY DANFORD · BARBARA E BOOS · DANIEL N DESMARAIS · SHEILA M DAY · BRYAN P DILTS · SHARLENE A HOLDEN · NICHOLAS R FRY · KAREN L IRELAND · MARILYN D BUCHOLTZ ·
E HITCHON · SCOTT MARACLE · GARY A ITO · DAVID J JEFFREY · MELODY W KISS · BERNARD LOEFFLER · JULIE-KAY LANG · DAVID G MOCON · JERRY W REID · STANLEY T OSBORNE · DAVID N PALMER · ALASDAIR G PATERSON · JOHN D PUDDY · ROBERT
MES · ERIC M TAYLOR · GARY P TWEEDY · TERRI A VAUGHAN · STEPHEN P WALLER · MARGARET P BERRY · PERCY G BRADLEY · ELIZABETH M BONGERS · WILLIAM C BRUNDIGE · CATHERINE A CHERRIER · JIM L CLARKE · ANNE DUNHAM · WILLIAM R ELLIS
OY B HALLIDAY · ANN J HUSSEY · PETER H KENNEDY · JOHN H LANSING · ROBERT PAUL · BARBARA W HOFFMAN · CATHARINE M GARRAH · CHRISTOPHER A LEEDER · EDWARD J MCCOLM · JASON T MENAUL · NANCY C MOORE · GREGORY D ROGERS ·
NIE FOX · JOSS TREMBLAY · KELLY L ACKROYD · JOHN T BACON · CATHY A BAKER · ROUEL Q BARRANDA · CARA R AMOR · JOE COLASURDO · JOE A CONNOLLY · ANNE P FLOYD · VALERIE A THIBAULT · DAVID P HOWE · ANDREW D COOK · PATRICIA A
E · RANDY P KIMLIN · MARK T EDWARDSON JR · JANET E GIBSON · MICHAEL C JAMIESON · SPENCER G LAVIS · DONNA MARASTON · MURRAY A LIVELY · PHIL A MYERS · BRENDAN A MATTHIAS · LEIGH F NOLAN · GEORGE A SCOTT · HEATHER L MILLARD
NNY VAG JR · MIKAL A HISCOCK · ALICE M DESLAURIERS · WENDY A DESLAURIERS · RAVI SRINIVASAN · MARK ARSENAULT · SUE STAPLE · JOUR 34 · KAREN M CLOSS · ROBERT L CROWE · FRANK W HARVEY · DAVID J INCH · DAVID LIPNOWSKI · ALBERT G
LETON · JAMIE E NEWTON · DOUGLAS D NURSE · GERAID D O'KANE · ELAINE L ROSS · DAVID B ROSS · MICHAEL R PARTRIDGE · JOE A SANTOR · RAUL AGOSTO · LINDA M BARKER · TRACY L BEAVER · JODY L BEVAN · DANIEL J BULGER · GLADYS M
NG · JOHN M DAVIS · MARCI F EDWARDS · WILLIAM R GOODWIN · PETER J GREATHEAD · CRAIG B GRAY · JOHN W INGLIS · GREGORY L KUMPULA · RICHARD F MADDIGAN · JOHN F MADDIGAN · BRUCE A PATTERSON · TANYA A RAYMOND · BARRY A
H · DARLENE C COPOC · JOHN WOOD · PAUL STATHAM · ROBERT D HAMILTON · KATRIN RUDERT · KEVIN O MCCANNY · JOHN BARDELL · RUDOLF C BRAAT · TERRY J MCNULTY · ROBERT B PHILLIPS · GRAHAM A TYE · SUSAN L BASKERVILLE · CRAIG R
E · DAVID J CHALLICE · MIKE E BUKOWSKI · PAUL D CHARLTON · ALLISON CAMPBELL-ROGERS · HENRIK DAMSBAEK · SHARON E CREECH · ANDREW M FLOOD · JODIE A DONALD · BOB GALLAGHER · TROY FARRELL · LAUREL K GALT · ARON J FINN ·
· GILLMAN · JOANNA G HAGERMAN · JOHN T GROWDEN · KAREN D DUSOME · MICHELLE L HENDRIKS · STEVE R HILL · LOUISE P INNES · IAN R JEFFERY · WILLIAM J (BILL) LANOUETTE · AMY L JUNKIN · VELJO LAUR · LYNDA M LEADER · JOHN G
MAN · JEFFREY M LIVINGSTONE · BARBARA M MARSH · ADAM W MATTHEWS · JOSEPH S MAXINE · RONALD J MCFARLAND · LISA D MCGILVRAY · DAVID G MEEKIN · GLENN PECKOVER · LORI J PENEYCAD · TODD D ROBERTSON · KATHRYN L LINTON ·
H RUSH · DEBORAH A SACCOCCIA · FREDERICK E SMITH · WILLIAM L ROGERS · RUTH L WHITNELL · KENNETH J TEDFORD · SHERRY L TELFORD · DARREN E WARBURTON · JOHN D WILLIAMSON · BROOKE N MCARTHUR · BRAD RUSAW · DAVID
NTE · DAWN NIGRO · PETER MASEE · JOUR 35 · VALERIE A MCLAUGHLIN · LARA BEATTY · LES GILSON · MIKE T ROGERS · CHRIS ALLINGTON · RICHARD D HESLIP · ROSELYNE CAMPBELL · RODERICK A NAILER · JOHN R ROBINSON · SCOTT A MERTON ·
E L FICKLING · CATHERINE A BARRY · TIM WILLIAMS · CRAIG MCLAUGHLIN · TONY HEAYN · STEPHEN E BURROWS · JASON L BEATTY · KIM J CHAMBERS · EILEEN G ISAAC · ELLA M MCRAE · GARY W MITCHELL · EUGENIE WOLSEY · HEATHER A SALZMAN ·
W ARMSTRONG · SHERRY L PROUTY · BARRY T KING · ROBERT A ROUGHLEY · STEVE H BARRY · ANDREW J BRUCE · K ALISON CHASCZEWSKI · SONNY LEE · PETER DOPPING · DAVID E JONES · MICHELLE P MARDER · JOHN C MACKINNON · BARBARA M
ON · JOHN F REID · MICHELLE H ROBICHAUD · LARRY D SILK · TROY B SHARPE · DEBBIE J THOMPSON · ROBERT G COLLINS · MARK C TANNER · JENNIFER M TILK · HUGH G ALLEN · MARK A ALLISON · SONIA M ARVISAIS · NORMAN J BALL · KATHLEEN A
R · THOMAS N CHALMERS · NICHOLAS R FORD · AARON E FURGER · GRAY GILLESPIE · MARIA IMBRIGLIO · ROBERT GLEN · ANNE E JORDAN · PHILIP L GRAINGER · LYNNE A MACDONALD · GORDON A HAMPSON · NANCY G MCGREEVY · MARION E
MBERS · MELISSA A HARTY · FREDERICK HOLLAND · NICOLE E MOUNTAIN · ROBERT D PATTERSON · LINDSAY M NOLAN · BRIAN PETER · SHANE E O'NEIL · BOB J BELL · SYLVIA RALPHS-THIBODEAU · HARRY W RICHARDS · LINDSAY A SIDWELL · NORMAN J
ON · MELINDA R SIMPSON · BRIAN P STANDING · MARINUS J VANDERMEER · AARON D VANDERMEER · CATHERINE L TURL · MICHAEL J TWINER · NORMAN W VAN-DUYN · BLAINE VARNER · CHRISTOPHER W WALLAGE · PAUL WILLIAMS · LORI
AMSON · PAUL SOUTHWOOD · JOHN G WEYMOUTH · ANGELA S COLM · GLENDA D O'REILLY · ROBERT J BARRETT · ROB SAFRATA · JOUR 36 · CATHERINE A PARRY · MRS ETTIE A TOEPEL · JOE F DEIDUN · AMANDA G DENNIS · SCOTT B DUNCAN ·
DON R FERGUSON · KIRK A FIGUEIRA · CAROLYN P JAMES · TODD D KEAST · BRIAN E LOWES · CORINNE J KUETHER · SUE LUCAS · RANDALL K MOORE · ALICE T MACNEIL · WAYNE PYE · CHARISSA L MORRICE · DONALD JACKSON · NICK P VIRIS · RYAN P
· SHERYL A VERHOEVEN · WILLIAM J WESTON · JESSICA P STONER · ARNIE J WONG · GAYLE L YETMAN · ROSALIE G BROWN · SUSAN J BEARD · RICHARD A CLEGG · GORDON K CLEE · DEANNA M CIUCIURA · WAYNE FREEMAN · DAVID J STANDEN ·
MAN S GIBSON · KEITH CLARKE · ANDREA L CROTHERS · WILLIAM G KEARLEY · SHARON L CUNNINGHAM · JASON FEDDEMA · CLAUDE C GONSALVES · MICHELLE P LEBLANC · JOHN HRYNUIK · DEREK A LING · CHRISTINE K MACDONALD · ALVARO J DA
· EMILY A SKLERYK · JIM D COLLINS · MARY C SLED · MARSHA M MCEWAN · BRADLEY MUNRO · PEN-I SMITH · JENNIFER MCCABE · MAURICE WONG · MYRNA J HENRY · SHELBY E ROGERS · ANITA D LATULIPPE · STEPHEN A HARTLEY · JOHN R BURNS ·
NY A BRIDGES · CLARE L CULLEN · RICHARD T MINETT · ALAN R WHITE · FRANCESCA PERRI · DONALD C TAYLOR · KEITH BRETTELL · JACQUELINE K SAKELLAROPOULOS · BRUCE A WATERS · STEVE SEARS · DIRK HOSTEREY · ERIKA C PIEKE · BARBARA L
ON · XIAO C ZHANG · JOUR 37 · CHARLIE BELFIORE · DARLENE BOON · BRUNO FILIPPI · DENISE L BURGESS · DENNIS J KOLE · TERRI C SUN · GERALD ESTRIN · DIANA F BEEVOR-POTTS · JOSEPH M FOX · BEVERLY G EPSTEIN · PAUL FREEDMAN · BRENDA L
DENNING · RICHARD A GOLISZEK · LESLIE J GOODYEAR · DAVID J HUNTER · VALERIE I HENDERSON · TIMOTHY J MCCRIMMON · PAUL A LANDRY · ELISA T LIMMER · BEN JOHNSON · ANGELA TAYLOR ISAJENKO · SCOTT A HITCHCOCK · SUZANNE L
INS · EDWARD R REED · SARA J MANN · MARY J LEE · STEVEN J LOFKRANTZ · PATTE MANDEL · STEVE H RIDGWAY · MARY MASTROMARTINO · JOSEPH RODRIGUE JR · MARIANNE L PAMPIN · ANDREW J PATTON · DAVID L WELLNER · KENNEDY D ENG ·
C GRIMSDALE · BARB HOTSON · WAYNE C KAHLAN · LOREEN E KONIG · STEPHEN S KELLY · LEONOR AGOSTO · JOHN MARASTON · MARIE W PRAJZA · GRAEME J LOWIK · HANS W WEICKARDT · MIKO P ROMANO · MICHELE SUTT · JAMIE L LASKOVICH ·
A GREENAN · FRANK M MAURY · DAVID R NURMI · CHRISTOPHER A RAWNSLEY · BRENDAN M PAGET · MELISSA A RICHARDSON · KEVIN R BROWN · GORDON RANSOM · BRIAN L CARR · HAZEL A CROOK · STEPHEN A CARROLL · DONOVAN COOPER ·
W HARDING · PENNY WRIGHT · RICHARD L DUNCAN · LAURA MCANUFF · KEITH R GEORGE · MICHAEL P HOLM · ANDREW J GIMBY · ALISON NOBLE · CHAD A MCALPINE · DANNIE A MORRIS · JANIS F MOFFATT · WALT OKIHIRO · PAUL F ROSATO ·
L SCHNEIDER · JACK RICHARDSON · MIKE STARK · SILVIA A TINTINAGLIA · LAURIE A TUTTE · JULIA A SWEDAK · LINDA S SZARGA · NANCY E CURTIS · ANDREW J EVERTON · LAURA MIRABELLI · JAMES BABINGTON · SUSAN PASSMORE · ANNE GOODWIN
STIAN ROSA · LESLIE NICOLAI · STEVEN E GOW · HUGO T SORENSEN · TODD WILLIAMSON · JOUR 38 · IAN R KIDECKEL · JOYCE E ARNOTT · JEFFREY J KRAR · JAY LAURENCE TAYLOR · CHERYL A KEATS · MARK S CABRAL · CATHY M ELLA · DAVID
HEDYK · OTTO JELINEK · MARIA JELINEK · LINDA J FAGG · MATTHEW A THOMPSON · WOLF FROHLICH · JEREMY CREED · MR FRANCIS A HALCRO · MARLENE E KERSHAW · IAN G JOHNSON · JOANNE G LAPENSEE · CAROLYN E LEONARD · MARK W
OR · ANN SINCLAIR · KATHLEEN M WALLACE · TERESA BOLEY · JOHN R ANDERSON · DAVID G GOEREE · STEPHEN T COPPERTHWAIT · LORI A DAWSON · KENNETH I BROWNE · MARTHA A DONNELL · LAWRENCE E DOW · LISA J VAN DYK · DONALD M
N · ANGELA L KRUMMENACHER · MARILYN T EDWARDS · RODERICK C MORRISON · DALE J ALLEN · LESLIE K EUBANK · JOHN C PHILLIPS · ELIZABETH M GORDON · CARLENE L JENKINS · ROBERT R POLLARD · KAYLEY S LONG · MICHAEL A QUAGLIA ·
E D TRIPP · KEVIN W SMITH · KELLY J AMOS · MIKE SODER · JOHN A O'CONNOR · PETER G STUART · JOANNE ZAWISLAK-TOSELLO · STEPHEN R WRIGHT · LEONARD J WOOD · SHEILA CHRISTMAS · GREGORY W DOWDLE · DAN R HAVERCROFT · KEVIN S
· DAVID K WHORRALL · ROBET W OLIVE · DANIEL T WELSH · CHANTAL L TROY · GARY L CHALK · JEFFERY C BOWEN · MARILYN B ARMSTRONG · JOHN FLYNN · MARIE P VILLAMERE · TERENCE N HUTCHISON · RINY H KOOYMANS · ROSS D MANNEN ·
NDER J MCQUIRE · TIM F SYMONS · JIM TITMUS · RANDALL H VANLAUWE · DIANE D WILSON · ROBERT B NEEVE · JAMES ABBEY · NANCY DIERX · PAUL G DAWSON · GERALDINE NORTHEY · SUSAN E KITZMAN · TRACY R IRVING · DOUGLAS ADAMS ·
39 · DASHA D LUKSICEK · CHRISTOPHER S EVERETT · NICHOLAS S RUNDALL · BRANDON KELLNER · RONALD A WARBURTON · MARY J PHILP · MARK YOUNG · VALERIE L LAWSON · MARY L HUMPHREY · JUNE SOWDEN · MICHAEL W HAMILTON ·
Y MCEWEN · RON W FLEMING · VINCENT N PEREIRA · MICHAEL M JACK · KATHERINE M DEMERS · EDGAR L CLEMENT · RAY MARSH · ALLAN H STANSBURY · JAYNE M RUDOLF · MARK R GILBERT · CHRIS M BLOM · GEORGE PETROVIC · DANA M
· JAMIE A CAPSTICK · RICK W THOMPSON · NEIL W HARRIS · STEVEN F SLOAN · ADAM D TAYLOR · JANICE E GOODRICH-STEELE · BRIAN D RUSHTON · JEFFERY M BARNES · SANDRA L FALLIS · JASON T CAMPBELL · CAROLYN M KING · SUZANNE L WEBER
D S GREEN · IRENE F CONLON · DEBBIE M BARKER · DANIEL A WESTBROOK · JOANNE M HOWARD · TREVOR O JOHNSTON · SEAN C MCGRATH · SARAH K DANCAVITCH · PETER W QUINLAN JR · KAREN M MORRIS · JOHN BOYKO · TIMOTHY P WILKINS ·
O I HURLEY · GERRY D MOAN · WENDY A FOSTER · PAUL W STRATFORD · ROBERT A PAZZI · TERRY SWANSON · RUSSELL DORRINGTON · CAROLE BERTUZZI LUCIANI · MICHAEL R P DE LA ROCHE · JOUR 40 · KEITH C KINNIBURGH · SHANE D COLEMAN ·
M FEDAS · JOHN R PERSICH · DOUGLAS M ALLAN · CHARLES E AMBROUS · ANDREW S ARAI · CHRISTINE E BLYTHE · DONALD E BARTLETT · JOSE M BERNARDINO · RITA BHIMSINGH · SIDNEY H BROOMFIELD · ROSS W ARMSTRONG · NORMAN MILES ·
H B CAUGHEY · MURRAY R CHRISTIE · GRANT R CLUGSTON · WAYNE M EYLES · TONY CONTESTABILE · RENZO R CORSI · DONALD R CRAY · VIRGINIA R DESA · ROBERT J DIXON · NEIL EASTON · WILLIAM R MUIRHEAD · CRAIG H GAY · PATRICE M FODEN ·
Y GIBSON · PATRICIA E HALL · STEPHEN D GOODGER · SHELLEY A HELLEMAN · HARVEY E HUGHEY · TRACEY T HOLLOWAY · JAMIE JARVIE · PAUL E JERVIS · MARTINA L JOYNER · BOGUSTAW W KARP · JAMES M KELLOCK · DEBRA A KING · ALAN D LUTYK
A L MAY · JOHN GALLAGHER · GARY E MOHR · PATRICIA M MCSWEENEY · MICHAEL A MOONEY · WILLIAM J MOORE · KIMBERLEY A MORRIS · FRANK S NAGLER · DIANE M NUNZIATO · WILLIAM T PLENDERLEITH · ALLISON S PETRE-TUTT · EARLA J
PS · LOUIS E POLCI · CHERYL L PORTIGAL · DUSAN D SATELMAJER · PAUL W SCHAEFER · JEFF A SUTTON · AARON M SZABO · LYDIA ZAHOREC · MICHAEL S ZORATTI · RICHARD P ARSENAULT · DOUGLAS C BANNISTER · JUDY M BRANDOW · LEIGH A
RTON · MERVIN H BROWNLEE · JOHN K TROUP · JAMES J LEMIEUX · MURRAY P BARRICK · PATRICIA J BARAN · LIAM CRAGG · GERARD A EDWARDS · BEVERLEY A HARVEY · ANN BEATTY · ROBERT D MCSWEEN · CYLVIA J POWELL · ERIC NASKALI · RACHEL S
INSKY · DR DONALD J URSINO · BRIAN MCMAHON · CRAIG A REEKIE · STEPHEN J SULLIVAN · THEODORE C MANGOFF · MARLON R TEE · DAVID W FORREST · DOROTHY J RECEK · SUZANNE E TAYLOR · FLORENCE KUSIAK · GORDON D GOVIER · SHAWN
HI · BILL URCHIK · MIKE MCLAUGHLIN · JEFF LOCKYER · PAUL HISEM · PETER ARTKIN · PAULA M HUCKO · LUH C WONG · JOUR 41 · NAZIM BAKSH · JACK BOILARD · DARRYL J WILDE · MARK A LANTEIGNE · TIMOTHY L FOLEY · ALISON J ENGEMANN ·
L MINOR · PENELOPE A DOWNEY · DONALD K AVERY · LINE S COTE · JAY D COOPER · ROBERT A COOKE · DAVID W BARNES · DEBORAH D ERVINE · GORDON R VANDER GRINTEN · JILL STONEHAM · GREGORY J HAYMES · RICHARD L HERBERT · REBECCA
GH · DAVID J PETTY · CATHY M ARCHER · ANDREW F ANELLO · BERYL W BAILEY · JOHN C BARILLIER · MARK H COUCH · JACQUE D BOILARD · CURTIS A LEVERE · KEITH R GILLAM · LESLIE MACDONALD · KARLA L BEREZUK · ARTHUR J DOMENICUCCI ·
ERINE M DECOCQ · KEVIN S FERGUSON · DREANA K DAWDY · IRENA V CRAIG · ANNE D JOSELIN · MICHAEL E HOEKSTRA · CHRISTINE M JONES · CHRISTOPHER M HALL · CAROL L KELLY · GREGORY G GREGOVSKI · JAMES C GILLIS · DENIS D LAPALME ·
THY A KRAMER · TANYA L LUND · MR HAROLD P MARQUIS · GINO M VENDETTI · SHARON E KOMSA · KRISTINE M LENAHAN · WILLIAM J MOWAT · TAMMY A OLYNICK · IVAR E NOREN · JOHN A PACSUTA · BRUCE E PIERCEY · PETER G SAHLAS · JAMES K
ES · DEREK M SURKA · STEVE SZABO · LINDA L VALDEZ · SCOTT A WINGER · MIKE P AGNEW · ELAINE E ANDREWS · DOUGLAS J BLAKEY · CHRISTINE R ANDRONEY · LUCIANO BONI · WENDY J SHELDON · DONALD L COTTER · STAN J DYMCZAK · SHERRY
CK · CONRAD I LIVINGSTONE · GORD PYLE · ROGER A RUPERT · SYLVIA K STREMLAW · MICHAEL G VRIENS · ANNE L VIVIAN · NICOLAAS T HUITEMA · DOUGLAS I MCLETCHIE · MELVIN C OLIVER · ROBERT B SHOALTS · STEPHANIE L BUCK · ZACHARY ADIE
E J CAREY · MONA L CLARK · THOMAS E FORTUNE · JACQUELINE M COLELLO · ALYNN C MEAHAN · FRANK W MCKIBBEN · BRIAN W SMITH · DANIEL S DANIELS · JOHN SIDERIUS · DONALD W GIBSON · STEPHEN C POTTS · JOUR 42 · L SHAWN CLEMENT ·
ETH J ROMAN · JOHN A ANGER · DAVID E BELME · STEVEN A BOREHAM · MARK A BOSILAC · JENNIFER E CHANDOR · JOE J CONEYBEARE · BLAIR S GERELUS · TRUDY M JARZYNA · BRIAN D LONG · JANICE E LAROSE · GARY A MACDONALD · MELANIE A
ELL · ROBBIN L PRIDMORE · CATHARINE E PRATT · HEIDE M MUSIL · RAY N SHIRTON · KEITH M SQUIRES · GEORGE W STEPHENSON · JACQUELINE A THERIAULT · PETER L TON · JOHN CVITKOVIC · BONNIE JEAN MCKINNON · PAULETTE A VELSEN ·
ETH C GAZLEY · RYAN W LOUNSBURY · JAMES G NORVAL · SHELLEY L SWIFT · CHRISTOPHER G TEAL · JOHN P BAUSLAUGH · MICHAEL A BISHOP · KATHRYN A COLEMAN · JOSEPH E BLAKE · MARC J CATTRYSSE · JOSEPH R EINREINHOFFER · JOHN MARK
RO · KIMBERLEY G HASKETT · JAMIE R HAYWOOD · ORVAL D WILSON · NORMA E HEMSWORTH · ROY N MAIN · MARGARET JONES · CHRISTINE L LOWRY · STAN P PRAPAVESSIS · RICK S SOSTAR · LAJOS SZABO · JOHN W COMERY · RICK A DEBACKERE ·
A EBDON · SHERRI L HEFKEY · ROBERT M MASSCHAELE · DEBBIE A LOHMANN · JEFF G SAUDER · TARA B RUNGE · PAUL C STADE · BRIAN J VAN ACKER · LORNE A BOYD · SUSAN C CRAIG · RICHARD J NICHOLLS · CHRISTOPHER M BURWELL · BRIAN M
ER · BRUNO L COSTABILE · PAUL D BEISCHLAG · WILLIAM R DEANE · RODNEY J FRANKLIN · THOMAS G HILL · PHILIP MONCKTON · JIM J HORVATH · SYLVA SANDRA KUSCH · CARRIE L KONIG · ARTHUR N MACKAY · SEAN W LEWIS · ANDERS NIELSEN ·
E POPP · CARL D WILKENS · JAYSON P YOUCKE · CHRISTOPHER P LESAGE · MIKE WEBSTER · MIKE MILLER · MIKE BLACK · CHRIS CLARKE · MARY C KRESTEL · WENDY B HOWSE · GEOFF CLARKE · SUE RAUSCHER · WADE MONTOUR · JOUR 43 · CHERI LYNN
ADISH · WILLIAM F BEARD · MARSHA J ACKLAND · WILLIAM G BERRY · MOIRA J BEVERIDGE · JOHN M CROFT · JANE E CHARLTON · TIMOTHY G HILL · TRACEY L FIRBY · STEPHANIE A DAKINS · GARRY V INNANEN · JILL L HIND · DANIEL R MURRAY ·

FÊTONS LA FLAMME

Livre-souvenir officiel du Relais du flambeau olympique
XVes Jeux Olympiques d'hiver

Aucun autre événement ne peut enflammer l'imagination, soulever l'enthousiasme et captiver l'esprit comme les Jeux olympiques.

Le flambeau olympique symbolise les objectifs des Jeux : la paix, l'amitié et l'esprit sportif. Et jamais auparavant, un pays ne s'est engagé de façon aussi entière dans un relais du flambeau olympique. C'est avec enthousiasme, dignité et fierté que les Canadiens ont pris part à l'odyssée de 18 000 kilomètres parcourus en plein hiver d'un bout à l'autre du pays.

À titre de commanditaire et d'organisateur du Relais, Petro-Canada a permis à la plupart des Canadiens de participer activement à cet événement et de vivre l'expérience olympique. Petro-Canada a aussi perçu son engagement comme une occasion unique de promouvoir l'unité et de susciter la fierté des Canadiens.

Grâce aux efforts de chacun et à la collaboration des collectivités, le Relais a vraiment été une entreprise nationale et a démontré ce que les Canadiens peuvent accomplir lorsqu'ils travaillent ensemble.

Malgré la rigueur de l'hiver, les Canadiens ont relevé le défi. Ils ont formé une chaîne d'un bout à l'autre du pays et, guidés par l'esprit olympique, ils ont, de main en main, acheminé la flamme vers Calgary pour l'inauguration des XVes Jeux Olympiques d'hiver.

Vous qui, le flambeau à la main ou la flamme dans le coeur, avez lutté contre le vent glacial, soyez assurés d'avoir participé à une expérience qui a démontré que l'esprit canadien est aussi éternel que la flamme olympique.

W.H. Hopper
Président du Conseil d'administration
et directeur général
Petro-Canada

E.M. Lakusta
Président et chef
de l'exploitation
Petro-Canada

Greg Stott

Publié par Murray/Love Productions
et Whitecap Books

Produit par Murray/Love Productions Inc.
1128, Homer Street
Vancouver (Colombie-Britannique)
Canada V6B 2X6

Distribué par Whitecap Books Ltd.
1086, West 3rd Street
North Vancouver (Colombie-Britannique)
Canada V7P 3J6

Producteur et directeur de la création : Derik Murray
Directrice des activités : Marthe Love
Directeur de la commercialisation : Michael Burch
Directeur artistique et concepteur : Chris Dahl
Interviewer et auteur : Alan Hobson
Rédactrice : Elaine Jones
Directeur de la production : David Counsell
Traduction et adaptation : Services de traduction de Petro-Canada

Fêtons la flamme a été produit exclusivement
sur les systèmes suivants :
système d'édition personnelle IBM
système personnel 2 IBM

Données de catalogage avant publication (Canada)

Hobson, Alan, 1958-
   Fêtons la flamme : livre-souvenir du Relais du flambeau olympique

Publié aussi en anglais sous le titre : Share the flame
ISBN 0-921061-21-8

1. Relais du flambeau olympique - Canada. 2. Jeux olympiques d'hiver
(15ᵉ : 1988 : Calgary, Alb.)
I. Titre.
GV721.92.H6214 1988 796.9'8 C88-091094-1

Imprimé et relié au Canada

ISBN 0-921061-21-8

Kharen Hill

Albert Normandin

TABLE DES MATIÈRES

LE RELAIS DU FLAMBEAU OLYMPIQUE

La flamme que les Canadiens ont fêtée avec tant d'ardeur tout au long de son odyssée vers la ville d'accueil des XVes Jeux Olympiques d'hiver a pris naissance loin d'ici, dans un temple, en Grèce. Ce temple, aujourd'hui en ruines, avait été érigé en l'honneur d'Héra, la puissante reine des dieux. C'est là, à Olympie, dans ce site à l'ombre des cyprès, que se déroulèrent les premiers Jeux, en 776 avant Jésus-Christ.

Selon la légende, Zeus lui-même aurait pris part à des épreuves de lutte. De nos jours encore, lorsque les Grecs captent le feu sacré du ciel - rituel qui se répète à des intervalles de quatre ans depuis 1936 - c'est avec un sentiment de respect pour les athlètes qui ont connu la gloire et l'honneur en ces lieux historiques.

Faisant fi des superstitions, un Challenger privé atterrissait à l'aéroport international d'Athènes le vendredi 13 novembre. À bord, des membres du Comité d'organisation des Jeux Olympiques d'hiver de Calgary et des représentants de Petro-Canada, commanditaire du Relais, veillaient sur un objet spécial : un flambeau en aluminium étincelant, réplique de la tour de Calgary.

Le 15 novembre, le flambeau était entre les mains de Katarina Didaskalou, comédienne shakespearienne née en Grèce. Le temple consacré à Héra abrite un miroir parabolique, qui permet, grâce à la concentration des rayons solaires, d'allumer le flambeau en quelques secondes. Ce jour-là, les dieux ont refusé de collaborer : le ciel d'Olympie était couvert et il était difficile de capter les rayons du soleil. Toutefois la veille, 14 novembre, on avait obtenu deux étincelles que l'on s'était

Jim Wiley

empressé de mettre à l'abri dans des lampes de mineurs, pour préserver la pureté de la flamme.

Accompagnée d'un groupe de 14 femmes, Katarina a quitté le temple avec le flambeau et s'est rendue au bosquet où est enseveli le coeur de Pierre de Coubertin, père des Jeux olympiques modernes. Elle a ensuite passé la flamme à un coureur grec; celui-ci, le flambeau dans une main et une branche d'olivier dans l'autre, a amorcé le relais vers Athènes. À destination, le flambeau a été solennellement remis à Bill Pratt, président d'OCO'88.

Pour les Grecs, cette cérémonie ne présente plus beaucoup d'intérêt. Ils ne pouvaient s'imaginer l'émotion que cette simple flamme allait engendrer outre-Atlantique, où se déroulerait, devant des millions de spectateurs, le relais le plus long de l'histoire des Jeux olympiques, ni concevoir la logistique nécessaire pour maintenir cette flamme au cours du périple de 18 000 km dans ce pays de glace et de neige.

Le Relais trouve ses origines dans la Grèce antique mais ce n'est qu'en 1936 qu'il a refait surface, à

Jim Wiley

Jim Wiley

Jim Wiley

Greg Stott

Berlin, pour les Jeux maintenant associés à Jesse Owens. Le lien entre la flamme et les Jeux demeure un mystère, mais Plutarque relate comment les braises rougeoyantes étaient préservées dans le sanctuaire d'Héra et attisées tous les quatre ans par les athlètes victorieux, qui les transportaient sur le site des Jeux. En 1936, Carl Diem, coureur et organisateur des Jeux, eut l'idée du relais d'après des dessins de la Grèce antique. Il élabora tous les détails du premier relais, d'Olympie à Berlin. Le relais allait devenir une tradition, un événement prévu à tous les Jeux olympiques. Depuis, 19 relais ont eu lieu, modestes comme celui de

250 km des Jeux de Montréal, en 1976, ou spectaculaires, comme celui de 15 000 km des Jeux de Los Angeles, en 1984.

Mais le 20ᵉ relais du flambeau olympique, en direction de Calgary, allait établir de nouveaux records. Ce serait le plus long : 18 000 km, sur terre, par bateau et par avion, en 88 jours. De plus, il conduirait la flamme plus au nord que jamais, au delà du cercle arctique.

Ce relais parcourrait les provinces et les territoires du Canada, et passerait dans les capitales; 24 millions de Canadiens pourraient le voir à moins de deux heures de route de chez eux. La flamme serait transportée par des coureurs, en traîneau à chiens, en motoneige, en hélicoptère, en bateau et en avion et arriverait à temps à Calgary pour allumer la vasque du stade McMahon, aux cérémonies d'ouverture des Jeux Olympiques d'hiver. Aucun retard possible.

La priorité était d'obtenir une participation massive des Canadiens. Le Comité d'organisation avait besoin, pour planifier cette odyssée, d'un commanditaire qui accepterait de débourser des millions de dollars tout en limitant la publicité au minimum. Petro-Canada a été choisie. Il s'agissait d'une société pétrolière, propriété du gouvernement, présente dans le secteur de l'exploration, exploitant des postes de vente au détail dans toutes les provinces et ayant son siège social dans la ville d'accueil des Jeux Olympiques. Mais, Petro-Canada n'avait pas prévu ce qui l'attendait. L'ampleur de la tâche ne lui apparut qu'en janvier 1987, au relais d'essai.

Cet essai de trois jours, dans les régions les plus accidentées du parcours, devait être mené avec discrétion, sans foules et sans émotion. Un simple essai. Il n'en fut rien. Des centaines d'enfants attendaient le long de la route, les gens s'émerveillaient à la vue d'un flambeau allumé avec un briquet et les porteurs du flambeau étaient enthousiastes. << Nous avons alors compris la portée de ce Relais >>, a dit Ed Lakusta, président de Petro-Canada.

Très vite, on a augmenté l'effectif pour la planification du Relais de 10 à 18 personnes. Un convoi de 40 véhicules, formé de voitures, de fourgonnettes et de maisons motorisées, a été assemblé afin d'assurer les

Gunter Marx

services auxiliaires : fournir une scène pour les cérémonies, produire des documents vidéo pour les médias, alimenter le flambeau ou veiller à l'ordre. Environ 80 personnes devaient accompagner le flambeau en permanence. << Le résultat de plusieurs années de travail >>, a confié Ed Lakusta. Les organisateurs ont parcouru chaque millimètre du trajet avec un chronomètre et un odomètre, à l'affût de tout problème.

On avait décidé que les 6 500 Canadiens qui porteraient le flambeau jusqu'à Calgary seraient choisis par tirage au sort. En 1987, à la mi-février, la plus grande loterie de l'histoire du Canada allait se tenir. Avant la date limite, 6,6 millions de demandes submergeaient les deux entrepôts où la sélection devait être effectuée. Parmi ceux qui ont été retenus, certains avaient présenté mille demandes; d'autres, une seule. La plupart n'ont pas reçu la lettre leur offrant de porter le flambeau, mais personne n'a contesté le système de sélection.

C'est le baron Pierre de Coubertin qui établit, en 1896, les règles des Jeux olympiques modernes. Depuis 1908, ces mots apparaissent sur les tableaux aux épreuves olympiques : << Le plus important aux Jeux olympiques n'est pas d'y vaincre, mais d'y prendre part, car l'essentiel dans la vie n'est pas tant de conquérir que de bien lutter. >> Frank King, président d'OCO '88, reconnaît que le Relais est peut-être l'expression parfaite de cette vision des Jeux. << On ne peut imaginer de meilleur moyen de rapprocher les gens, a-t-il dit. La fierté ne s'achète pas. Le Relais permet à tous les Canadiens de participer. >>

Les Canadiens attendaient la flamme olympique avec impatience. Le premier ministre Brian Mulroney s'est rendu à St. John's la veille de l'arrivée de la flamme : << Le Relais est un moyen de ralliement extraordinaire. Il faut beaucoup plus que des discours politiques pour créer un sentiment d'unité. Il faut un symbole et le Relais en est un : il incarne l'unité. >>

En ce matin neigeux du 17 novembre, un avion privé arrivait à St. John's, avec à son bord la flamme sacrée dans trois lampes de mineur. Au sol, quelques milliers de spectateurs se préparaient à l'accueillir. Le Canada tout entier l'attendait avec des millions de rouleaux de film, des bougies, des drapeaux et des larmes.

Le Relais du flambeau olympique allait débuter.

— *Don Martin*

William DeKay

DANS LES COULISSES DU RELAIS

LE RELAIS D'ESSAI

Le Relais du flambeau olympique a commencé en janvier 1987 sur la route entre Salmo et Creston, en Colombie-Britannique, lorsque Petro-Canada, commanditaire du Relais, a procédé à un essai afin de savoir ce qui se passerait un an plus tard. La société s'était chargée du relais des Jeux universitaires mondiaux d'Edmonton en 1983, mais le Relais du flambeau olympique allait être beaucoup plus important. Le Directeur du Relais et onze employés de la société ont choisi ce secteur parce que c'était le point le plus élevé du trajet de la flamme vers Calgary. Les porteurs du flambeau choisis ont monté la pente d'une inclinaison de 8 pour cent avec certains employés de Petro-Canada et sous le regard attentif d'observateurs. Cet essai a entraîné des modifications au flambeau, au combustible et aux mesures de sécurité et a aussi permis à la société de se rendre compte de la popularité qu'aurait le Relais.

LE TIRAGE AU SORT

Si des doutes demeuraient quant à l'enthousiasme que susciterait le Relais, ils ont été dissipés par la réponse au concours pour la sélection des porteurs du flambeau. Au cours de la plus importante campagne de publicité directe par la poste au Canada, Petro-Canada a envoyé dix millions de brochures. À la date limite, le 31 mars 1987, les Canadiens avaient envoyé 6,6 millions de demandes (on ignore le nombre exact de candidats parce que certains ont envoyé de nombreuses demandes, comme cette jeune Manitobaine qui en a rempli 16 280). Après avoir réparti les demandes dans 88 bacs, un pour

chaque jour du Relais, on a effectué un tirage au sort, supervisé par des vérificateurs, afin de choisir les coureurs. Les candidats devaient préciser la date et le lieu où ils désiraient courir. Certains, distraits, ont indiqué un endroit loin de chez eux. D'autres ont choisi un secteur éloigné où ils avaient plus de chances d'être retenus. D'autres encore ont choisi, pour des raisons sentimentales, de courir dans leur ville natale pour fêter entre parents et amis.

LES PORTEURS DU FLAMBEAU

Les quelque 6 500 heureux élus avaient entre 4 et 86 ans ; il s'agissait de couples, de familles complètes, de femmes qui allaient accoucher juste avant ou après leur participation, de personnes en fauteuil roulant ou portant un stimulateur cardiaque, de gens en pleine santé et d'autres en convalescence. Certains ont couru, certains ont marché, d'autres ont fait leur parcours en fauteuil roulant, en motoneige ou en traîneau à chiens.

Outre ces personnes, 300 autres porteurs du flambeau ont été retenus. Ainsi, des handicapés physiques et mentaux, désignés par des associations spécialisées, ont été choisis au moyen d'un autre tirage. Des kilomètres ont été réservés aux Indiens non inscrits et aux autochtones. Des athlètes olympiques d'hier et d'aujourd'hui ont été invités à participer et ont été choisis au moyen d'un autre tirage; enfin, certaines personnes ont été retenues pour leur contribution au pays.

Tous les porteurs du flambeau étaient suivis de près par un coureur d'escorte, chargé d'assurer leur sécurité. Environ 150 employés de Petro-Canada, dont

on avait évalué la forme physique, se sont partagé cette tâche à intervalles de six à huit jours.

LE FLAMBEAU

Pour fabriquer le flambeau, mesurant 60 cm et pesant 1,7 kg, on a fait appel à des entreprises du Québec, de l'Ontario, de l'Alberta et de la Colombie-Britannique. Tout a commencé à Calgary, où des employés de Petro-Canada ont dessiné un godet rappelant la célèbre tour de la ville. Une fois les prototypes mis au point par le Conseil national de recherches à Ottawa, on a confié la fabrication du flambeau à une société de Calgary. On a eu recours à des sous-traitants pour certaines parties du flambeau : le manche, en érable du Québec, a été fait au tour par une firme de Calgary; les pictogrammes, représentant les dix disciplines olympiques d'hiver, ont été gravés sur le manche par une société d'Edmonton; le godet, servant de réservoir de combustible, a été fabriqué à l'aide de moules en acier trempé fournis par un distributeur de Vancouver et a été gravé à Windsor.

Le combustible qui devait alimenter la flamme pendant 45 minutes, a été mis au point par une équipe de chercheurs de Petro-Canada. Les deux mélanges, obtenus à base d'essence, de kérosène et d'alcool, pouvaient être utilisés par tous les temps et à l'intérieur.

LES TENUES OFFICIELLES DU RELAIS

Les porteurs du flambeau étaient vêtus de tenues rouges et blanches avec l'emblème du Relais à l'avant et à l'arrière. Vite devenues des objets de collection,

Kharen Hill

elles ont été confectionnées à Winnipeg et à Calgary dans un tissu léger et perméable à l'air. Les porteurs du flambeau avaient aussi une tuque blanche en acrylique à l'épreuve du feu. Seuls les gants et les chaussures n'étaient pas fournis. Les tenues, marquées au nom de chaque coureur, ont été expédiées dans tout le pays, avec les mesures de sécurité appropriées; elles ont été conservées en lieu sûr jusqu'à ce qu'on les remette aux coureurs à une des séances d'information quotidiennes.

LA CARAVANE

La flamme a traversé le pays accompagnée d'une caravane de 40 véhicules et d'une équipe de 80 personnes, presque toutes de Petro-Canada et travaillant par rotation. Sept véhicules escortaient la flamme en permanence : une voiture de police ouvrait le cortège; une maison motorisée véhiculait les porteurs du flambeau, les déposant au point de départ qui leur avait été assigné; le véhicule de tête abritait les deux lampes de mineur où brûlait la flamme olympique pour rallumer le flambeau au besoin; un véhicule ouvert à l'arrière transportait des photographes et des journalistes d'ici et d'ailleurs et précédait habituellement le porteur du flambeau; derrière celui-ci, venait une autre maison motorisée qui constituait le poste de commande et où l'on trouvait les responsables du Relais, les coureurs d'escorte et l'équipe médicale; une navette suivait pour recueillir les porteurs du flambeau après leur participation; enfin, une voiture de police fermait le cortège.

Les autres véhicules transportaient les fournitures, les flambeaux et le combustible, le matériel de scène, le studio mobile assurant les liaisons par satellite, les motoneiges ainsi que Hidy et Howdy, mascottes des Jeux.

LOGISTIQUE

Petro-Canada devait aussi veiller à ce que tout soit en place le long du trajet. Elle devait notamment assurer l'hébergement des 80 membres de l'équipe, commander 225 repas chaque jour, réserver des salles pour les séances d'information aux médias, au personnel et aux porteurs du flambeau, expédier des fournitures aux endroits appropriés, assurer l'envoi des tenues officielles et planifier le transport des membres de l'équipe de façon

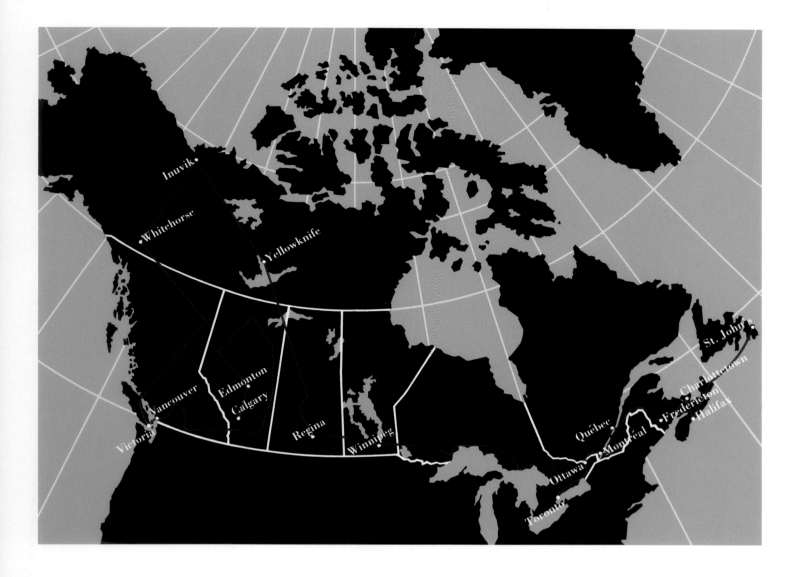

qu'ils puissent travailler par rotation.

L'ITINÉRAIRE

Suivant un itinéraire testé trois fois, la flamme a parcouru 18 000 km, la plupart du temps sur des routes secondaires. Le flambeau a couvert 11 000 km sur terre et 7 000 km en avion, en hélicoptère et en bateau. Parti de Signal Hill, à Terre-Neuve, il s'est dirigé vers l'ouest. Il a été transporté en motoneige pendant 2 750 km, de Shanty Bay, en Ontario, à Prince-Albert, en Saskatchewan. Assis derrière le conducteur, chaque porteur a tenu le flambeau pendant 15 minutes. Lorsqu'ils avaient terminé leur parcours, les porteurs couraient ensemble sur une distance de un kilomètre, s'échangeant le flambeau. En Saskatchewan, la flamme s'est envolée vers les Territoires du Nord-Ouest et le Yukon pour revenir ensuite au sud, en Colombie-Britannique. Depuis l'Île de Vancouver, elle a poursuivi sa route vers l'est, jusqu'en Alberta où elle a effectué des circuits terrestres et aériens avant d'atteindre Calgary, le 13 février.

Le flambeau a voyagé pendant 89 jours mais comme le Relais a commencé et s'est terminé au milieu d'une journée, on considère qu'il a duré 88 jours. Il est passé dans 800 villes et villages ainsi que dans les capitales des provinces et des territoires, à moins de deux heures de route de 90 % de la population canadienne. Le Relais a donné lieu à 400 cérémonies où des médailles Célébration 88, offertes par le gouvernement fédéral, ont été remises aux personnes ayant manifesté l'esprit olympique dans leur collectivité. Jim Hunter, skieur olympique, accompagné au Québec de Sylvie Bernier, médaillée olympique en plongeon, a animé les cérémonies. La scène, l'éclairage et le matériel de sonorisation étaient fournis et installés par l'équipe du Relais.

LE LIVRE

Ce livre suit l'itinéraire, tracé sur la carte ci-dessus, que le Relais a emprunté pour sa traversée du pays en 88 jours. Au début de chaque section, on trouve une carte précisant la route suivie.

Quelque chose a éveillé l'intérêt des Canadiens pendant ces jours d'hiver où la flamme olympique a traversé le pays. Quelque chose les a fait quitter leur foyer douillet pour attendre dans le froid qu'un coureur passe, portant un flambeau chargé de tant de symboles. Certains, il est vrai, sont venus encourager leur fils, leur femme, un grand-parent, un ami. Certains sont venus voir d'anciens coureurs olympiques ou leur athlète préféré. Certains encore sont venus toucher le flambeau, pour s'unir à l'esprit de cette flamme née du soleil, à Olympie.

Voilà pourquoi les Canadiens se sont rassemblés le long de la route. Mais une expérience extraordinaire les attendait. Ils ont découvert que leurs amis, leurs voisins, leurs fils, leurs filles, leur mère et leur père formaient une chaîne humaine d'un bout à l'autre de ce pays balayé par l'hiver. Ils ont compris qu'ils vivaient parmi des héros, des gagnants. Ils ont vu qu'ils pouvaient réaliser un exploit grandiose. Quelque chose de particulier a enflammé ces gens que l'on dit si froids. Ils étaient tout à coup fiers de leurs coureurs locaux, de leurs petites villes, de leur grand pays. Ils ont quitté leurs maisons, afin de crier, au passage de la caravane : << Canada, nous t'aimons ! >> Dans les gymnases de leurs écoles et sur les places publiques, ils ont chanté leur hymne national avec une ferveur renouvelée.

Ce livre porte sur un relais qui a établi des records, sur les porteurs du flambeau, sur la façon dont ils travaillent et vivent et sur ce pays, objet de leur amour. Mais il raconte aussi une autre histoire, celle d'un peuple réservé, s'ouvrant au monde pour dire ce qu'il n'a jamais dit avec autant d'assurance : qu'il est imaginatif, fier, fort et libre. Que son unité vient de ce qui le rend unique. Ce livre est dédié à ce peuple.

LE FLAMBEAU EST ALLUMÉ
Terre-Neuve, Nouvelle-Écosse, Île-du-Prince-Édouard, Nouveau-Brunswick, jours 1 à 15

Si on quitte le centre-ville de St. John's par la rue Duckworth, en longeant le port, à droite, on arrive à Signal Hill où se trouvent un petit lac, George's Pond, et la Cabot Tower, où Guglielmo Marconi reçut le premier message transatlantique par sans-fil. Signal Hill frappe tout d'abord par son aspect austère. À observer les lieux, on comprend vite que Terre-Neuve soit surnommée << le Rocher >>. C'est ici, le 17 novembre 1987, que le flambeau olympique a été remis aux premiers coureurs, amorçant son odyssée à destination des Jeux Olympiques d'hiver de Calgary. Il faut un commencement à tout et il se trouve sans doute, dans le temps et dans l'espace, à Signal Hill et à St. John's.

En 1583, Sir Humphrey Gilbert entre dans le port de St. John's, au pied de Signal Hill, pour prendre possession de cette terre au nom de la reine Élisabeth 1re. Mais d'autres étaient venus avant lui. C'est Jean Cabot, navigateur vénitien au service d'Henri VII, qui longea le premier les côtes de Terre-Neuve en 1497. Au retour, les matelots de l'équipage parlèrent de pêches miraculeuses : un panier lesté d'une pierre pouvait remplacer les filets tant les poissons étaient abondants.

Par la suite, des pêcheurs français, basques, espagnols, portugais et anglais vinrent chaque année à Terre-Neuve. En fait, la baie du port de St. John's était pleine de vaisseaux français et portugais lorsque Sir Humphrey en prit possession. Il faudra encore 300 ans avant que le Canada ne devienne un pays indépendant et environ 80 années de plus avant que Terre-Neuve n'adhère à la Confédération. Comme c'est ici que tout a commencé, il semblait naturel d'y amorcer, en 1987, une nouvelle aventure à l'échelle du pays.

Le premier jour du Relais, le flambeau a été porté au bas de Signal Hill et jusqu'à Holyrood, dans la baie de la Conception, ancien repaire de pirates. Le lendemain, le flambeau est arrivé à la baie de Plaisance, d'où il s'est envolé vers la Nouvelle-Écosse. Ensuite, il a voyagé de

Andrew Stawicki

Sydney à Halifax et à Dartmouth, puis
encore au nord vers Pictou et le traver-
sier pour l'Île-du-Prince-Édouard,
appelée par les Micmacs << la terre
bercée par les flots >>. Après une autre
traversée, cette fois vers le Nouveau-
Brunswick, le Relais est passé par
Saint John et a obliqué vers le nord-
ouest par la vallée de la rivière
Saint-Jean, en empruntant le chemin
pris par les Loyalistes 200 ans plus tôt.

En chemin, villes et villages changent
de nom : King's Landing, Bristol, Bath
et Upper Kent font place à Saint-André,
Saint-Amand, Bellefleur, Saint-Léonard
et Rivière-Verte. Tout près, dans les
collines de la Madawaska, se trouve la
frontière entre le Nouveau-Brunswick et
le Québec. On atteint ensuite le
Saint-Laurent, nommé jadis <<la
Grande Rivière de Canada >>, voie
maritime menant au coeur du continent.
—*George Bain*

La veille du Relais, malgré le froid et
les bourrasques, les rues de St. John's,
avec leurs maisons colorées, avaient un
air de fête. John McKillop, 60 ans,
ancien sous-ministre provincial des
Mines et de l'Énergie, montrait
fièrement sa Ford Modèle A 1930.
Maintenant retraité, il s'entraîne tous
les jours pour le marathon. Le
17 novembre, premier jour du Relais,
John a réalisé un rêve de plus en
portant le flambeau.

L'enthousiasme gagne St. John's où les Terre-Neuviens et des porteurs du flambeau de tous les coins du pays se sont rassemblés la veille du Relais.
I—Après avoir combattu les flammes dans des régions éloignées l'une de l'autre, Charlie Dunne, 28 ans, de Ferryland, petit village côtier au sud de St. John's, et Lee Cheshire, 34 ans, de Calgary, se sont réunis pour fêter la flamme. Ils sont photographiés avec le capitaine Arthur Baggs et les membres de l'équipe << D >> du Service des incendies de St. John's, qui ont sorti pour l'occasion leur camion datant de 1942. Le lendemain, Charlie, que des milliers de milles séparent habituellement de Lee, passait le flambeau à ce dernier dans un geste symbolique d'unité nationale.
II—Peter Browne, avocat de 26 ans, s'entraîne pour le Relais dans la solitude de Quidi Vidi Inlet.
III—Joe King, porteur du flambeau et pêcheur, à l'arrière au centre, avec sa famille, à Bay Bulls.

II *Al Harvey*

III *Al Harvey*

La veille du Relais, les nuages s'unissent aux derniers rayons du soleil pour créer un tableau d'une rare beauté. Dans son confortable bureau, Ferd Hayward (ci-contre), premier Terre-Neuvien ayant représenté le Canada aux Jeux olympiques, se souvient du passé et se prépare à porter le premier le flambeau, en compagnie de Barbara Ann Scott-King. Il a conservé les chaussures qu'il portait à la marche de vitesse de

50 km aux Jeux Olympiques d'été de 1952, à Helsinki. << J'ai fait l'erreur de porter des chaussures trop petites, explique Ferd, maintenant âgé de 76 ans. Au moment de la course, j'avais le talon droit à vif. >> Malgré l'avis des médecins, Ferd a participé à l'épreuve. Lorsqu'il est entré dans le stade pour le dernier tour, accablé de douleur, la foule l'a ovationné. L'encourageant ainsi à terminer la marche

Eric Hayes

Eric Hayes

Al Harvey

24

Terre-Neuve, jour 1

L
e 17 novembre, la flamme olympique est arrivée au Canada. Allumée par les rayons du soleil à Olympie, elle a été transportée au Canada dans trois lampes de mineur, à bord d'un Challenger de Canadair. Frank King, président du Conseil d'OCO'88, Bill Pratt, président d'OCO'88, et Roger Jackson, président de l'Association olympique canadienne, l'ont apportée à Signal Hill, où elle a servi à allumer la vasque. Au moment où la première neige de l'hiver recouvrait la capitale provinciale la plus à l'est du pays, des feux d'artifice ont éclaté dans le ciel et des coups de canon ont retenti, en guise de salut officiel. Des milliers de personnes ont bravé les intempéries pour assister au début du Relais du flambeau olympique. Brian Mulroney, premier ministre du Canada, était sur place avec sa femme Mila et son fils Nicolas ainsi que Brian Peckford, premier ministre de Terre-Neuve, et l'imbattable John Crosbie. John Murphy et Ralph Klein, respectivement maires de St. John's et de Calgary, ont échangé des cadeaux puis, après les discours, une vasque a été allumée avec la flamme d'Olympie. L'allumage du premier flambeau amorçait le Relais le plus long de l'histoire olympique : 88 jours et 18 000 km.

Ferd Hayward et Barbara Ann Scott-King ont eu l'honneur d'être les premiers porteurs du flambeau. Ferd Hayward, de St. John's, a représenté le Canada aux épreuves olympiques de marche de vitesse. En ce matin glacial de novembre, il marche lentement, savourant ce moment aux côtés de Barbara Ann Scott-King, petite comète qui a émerveillé le monde en 1948 en remportant une médaille d'or en patinage artistique aux Jeux d'hiver de Saint-Moritz. Émue, elle ne pouvait parler. << Je ne trouve pas les mots >>, disait-elle, rayonnante de joie. Ferd Hayward avait les larmes aux yeux. Ils seraient les premiers parmi des millions à être émus par la flamme.

Ci-dessous : Malgré le froid, des fanfares, des écoliers, des célébrités, comme Gordon Pinsent, et une foule enthousiaste ont accueilli la flamme.

Pages suivantes : La caravane quitte Signal Hill après les cérémonies officielles.

Andrew Stawicki

Al Harvey

Al Harvey

Al Harvey

Al Harvey

Andrew Stawicki

Al Harvey

Al Harvey

Un moment solennel : le flambeau est transmis pour la première fois à l'un des 7 000 porteurs. Débordant de fierté et de joie, Maurice Sheppard allume son flambeau à même celui de Barbara Ann Scott-King et de Ferd Hayward. Champion provincial de judo à six reprises, Maurice Sheppard, 29 ans, de St. John's, aura été le deuxième maillon de la chaîne humaine la plus longue de l'histoire des Jeux olympiques, qui devait unir tous les Canadiens dans un même esprit, l'esprit olympique.

Malgré le froid, des groupes d'enfants agitent de petits drapeaux canadiens. Cette scène se répétera maintes et maintes fois le long du parcours sillonnant notre immense pays.

Andrew Stawicki

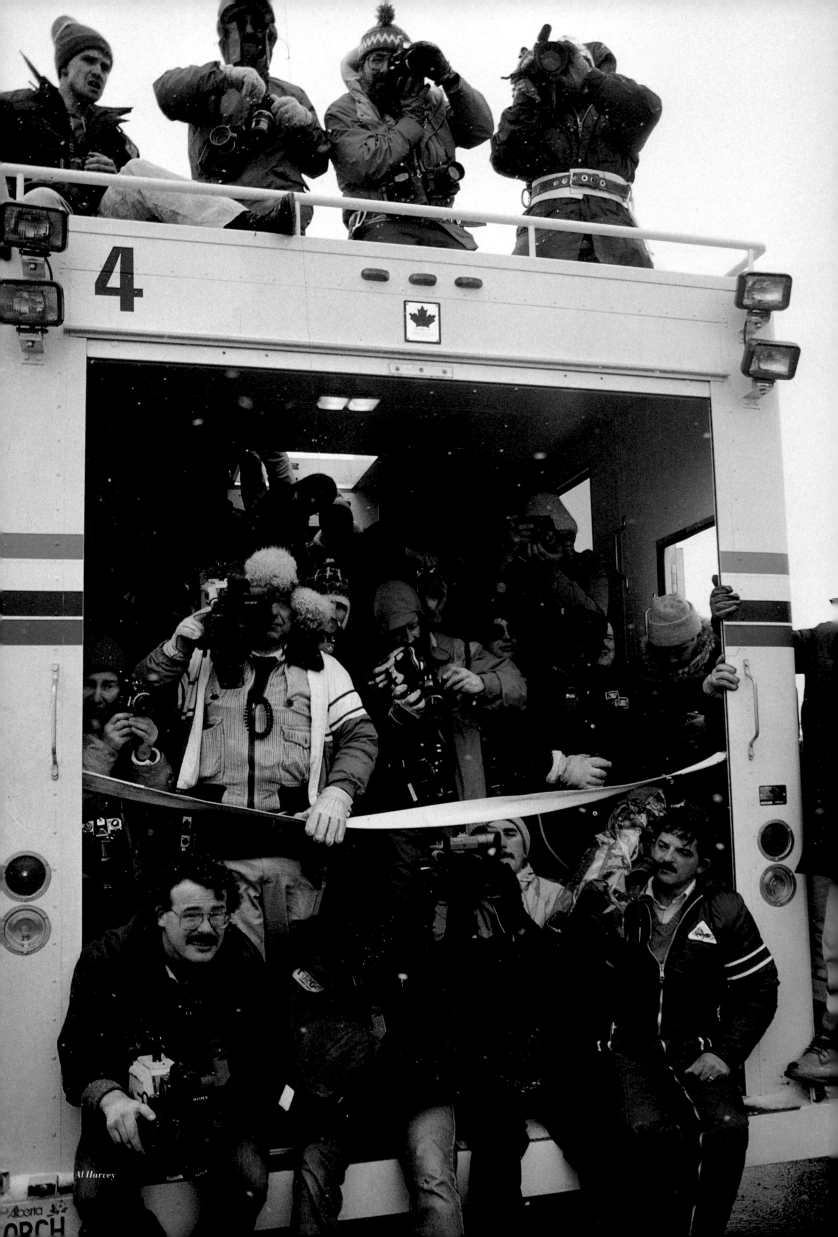

Al Harvey

Le premier jour du Relais, une femme et son enfant assistent au passage du flambeau, en bordure de la route. La caravane comprenait un véhicule des médias (ci-contre) que Petro-Canada avait mis à la disposition des représentants des réseaux CTV, NBC, ABC et CBS, de la Société Radio-Canada et de nombreux autres réseaux indépendants.

Andrew Stawicki

I   *Eric Hayes*

II   *Eric Hayes*

IV   *Eric Hayes*

III   *Eric Hayes*

Le visage resplendissant des porteurs du flambeau témoigne du pouvoir de la flamme.

I—Danielle O'Keefe, 10 ans, de Ferryland, sourit timidement en tenant le flambeau avec fierté. Danielle mène une vie active : elle est membre d'une troupe de guides, pratique divers sports à son école, apprend la musique et la danse, fait de la natation et chante dans la chorale de l'église. Élève de cinquième année, elle n'a jamais manqué un jour de classe avant aujourd'hui; elle s'est en effet absentée pour porter le flambeau. Danielle a déjà rencontré le prince Charles et la princesse Diana et leur a remis des fleurs; elle a aussi assisté à une messe célébrée par le pape Jean-Paul II.

II—John Nicolle, diacre anglican, a revêtu une tenue un peu spéciale pour l'occasion.

III—Danny Sobkovitch, 11 ans, est incapable d'exprimer son enthousiasme, mais la joie se lit sur son visage, au moment où il transporte le flambeau avec l'aide d'un coureur d'escorte. Souffrant d'un handicap mental, Danny pouvait à peine se tenir debout il y a quelques années. À force de travail, il peut maintenant faire de longues randonnées à bicyclette. Il apprend actuellement à communiquer par signes et il obtient de très bons résultats. Danny, qui habite à Mississauga en Ontario, a dû faire son parcours à Terre-Neuve. Sa famille, heureuse et fière, était sur place pour l'encourager.

IV—Le soleil couchant éclaire de ses rayons les derniers coureurs à Terre-Neuve. Ce soir-là, la flamme devait s'envoler en hélicoptère vers la Nouvelle-Écosse, deuxième province sur le parcours du Relais.

1 *Michael Creagen*

II *Andrew Stawicki*

I—Le sous-lieutenant Simon Hughes fait le salut militaire du pont du HMCS *Athabaskan*, amarré dans le port d'Halifax : demain, il troquera son uniforme contre la tenue rouge et blanche du porteur du flambeau.

II—L'industrie minière est importante dans l'économie de la Nouvelle-Écosse; au Cap-Breton, on extrait du charbon depuis 300 ans. Pendant le Relais, le travail sous terre s'est poursuivi. Tout le monde a quitté la mine Phelan depuis une demi-heure et Wayne Butts, 37 ans, de Glace Bay, se détend après une journée de travail dans l'obscurité.

Pages suivantes :

I—Herb Martell, porteur du flambeau et agent de la GRC depuis 12 ans, discute avec son collègue Ron Reid.

II—Arnold MacLean, porteur du flambeau le quatrième jour du Relais, près des billots utilisés à l'usine de pâtes et papiers de Stora Forest Industries. Il arbore fièrement la montre en or qu'il a reçue l'an

41

1 *Andrew Stawicki*

II *Michael Creagan*

Beaucoup de jeunes ont été fascinés par la magie du Relais. Leur enthousiasme et leur énergie ont grandement contribué à faire un succès de cet événement.

I—Près de Dartmouth, Zenova Halls entraîne Sue, sa jument de sept ans. Au cours des deux dernières années, les frais de pension de Sue se sont élevés à 3 000 $ par an, et c'est Zenova, âgée de quatorze ans, qui a tout payé. << Je fais la distribution de deux journaux, déclare tout bonnement Zenova. C'est comme ça que j'y arrive. >> Zenova se lève tous les jours à 4 h 30 pour pouvoir distribuer le *Halifax Chronicle-Herald* à plus de cent foyers, avant de se rendre en classe. Le midi, elle distribue cinquante exemplaires du *Halifax Mail-Star*. Après la classe, elle se rend directement à l'écurie et y passe presque tout son temps en fin de semaine. Zenova espère inscrire Sue à des concours hippiques. La jument lui donne beaucoup d'espoir, mais elle est surtout la meilleure amie de Zenova. << Les seules fois où je ne vais pas à l'écurie, c'est lorsque la route est fermée, avoue-t-elle. J'aurais aimé porter le flambeau à cheval mais je ne crois pas que les responsables du Relais auraient été heureux de faire monter Sue dans la fourgonnette. >>

II—Martin Barclay-Simpson, 12 ans, se promène en kayac sur le lac Banook, à Dartmouth, la veille de sa participation au Relais. Il fait partie du Senobe Aquatic Club et partage ses loisirs entre la course et les modèles réduits. Martin a déjà remporté deux médailles d'or et 27 rubans.

Le Relais du flambeau olympique a touché les gens de diverses façons. Certains y ont participé activement, d'autres sont venus l'applaudir, d'autres encore l'ont observé à distance.

I—Rod Hadley, porteur du flambeau, avec ses deux fils, Lyle et Greg, âgés de 2 et 4 ans. Rod s'est toujours intéressé aux Jeux olympiques, mais son intérêt s'est accru depuis que son petit Lyle souffre de dystrophie musculaire. La participation

de Rod au Relais devenait donc symbolique. Cet événement allait rappeler aux siens la nécessité de vivre pleinement chaque instant.

II—À Sydney, un cadet de l'air assiste au passage du flambeau.

III—Près de Truro, Elizabeth Crewe et Jessie Morrison rayonnent de joie.

IV—Allen Densmore, 73 ans, vit avec ses chats au bord de la baie de Fundy, près du parcours du Relais.

Al Harvey

Le soleil se couche sur le lac Bras-
d'Or, qui divise presque en deux
l'île du Cap-Breton. En fait, ce lac
est plutôt une mer intérieure reliée
à l'Atlantique par un étroit chenal.
L'eau légèrement salée, l'absence
presque totale de brouillard et les
faibles marées en font un paradis
pour les plaisanciers. À l'est du lac,
Theresa Cash et ses petits-enfants,
Nadine et Jason Boudreau, âgés de
7 et 4 ans, sont déjà sous le charme
de la flamme qui approche d'Irish
Cove. Ballons colorés, bougies,
discours, enfants enthousiastes et
célébrités étaient souvent au
rendez-vous. On voit ici un autre
aspect du Relais et du Canada : les
gens des campagnes se rassemblant
en petits groupes paisibles pour
fêter la flamme.

Al Harvey

À l'hôtel de ville d'Halifax, une foule de spectateurs enthousiastes accueillent l'arrivée du flambeau. Dans les villes et les villages de la province, quatre ou cinq cérémonies avaient lieu chaque jour. Tous étaient de la partie : maires, célébrités, personnalités locales, porteurs du flambeau, membres de la caravane et spectateurs. Ces cérémonies témoignaient du pouvoir d'unification de la flamme auprès des Canadiens.

Albert Lee

Albert Normandin

Al Harvey

DE MAIN EN MAIN
Québec, jours 15 à 29

Des Québécois pleins de fierté assistent à la participation de Sylvie Bernier, médaillée olympique, qui a couru le premier kilomètre au Québec. Des admirateurs, dont deux ministres fédéraux, Monique Vézina et Bernard Valcourt, sont venus encourager la jeune athlète de 23 ans, qui a remporté une médaille d'or en plongeon en 1984. Sylvie a porté le flambeau, mais elle a aussi consacré beaucoup de temps au Relais; tous ont été frappés par sa bonne humeur, son charme et son dynamisme. Elle a été animatrice au Québec, et co-animatrice à St. John's et à Ottawa. Le 9 décembre, vingt-troisième jour du Relais, elle s'est rendue à Calgary où elle a été admise au Temple de la renommée des sports, autre fleuron à son blason. Quelques heures plus tard, elle était de retour au Relais.

Un autre Québécois célèbre, Phil Latulippe, (ci-dessous) partage sa joie avec des spectateurs le long du parcours. Connu pour son travail dans le domaine de la bonne forme, il est membre de l'Ordre de Saint-Jean et a été décoré de l'Ordre du Mérite militaire et de l'Ordre du Canada.

Albert Normandin

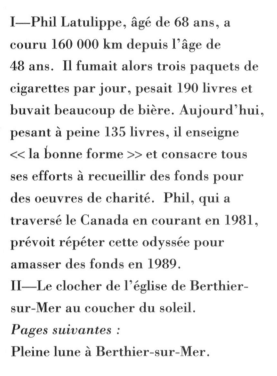

I—Phil Latulippe, âgé de 68 ans, a couru 160 000 km depuis l'âge de 48 ans. Il fumait alors trois paquets de cigarettes par jour, pesait 190 livres et buvait beaucoup de bière. Aujourd'hui, pesant à peine 135 livres, il enseigne << la bonne forme >> et consacre tous ses efforts à recueillir des fonds pour des oeuvres de charité. Phil, qui a traversé le Canada en courant en 1981, prévoit répéter cette odyssée pour amasser des fonds en 1989.
II—Le clocher de l'église de Berthier-sur-Mer au coucher du soleil.
Pages suivantes :
Pleine lune à Berthier-sur-Mer.

II   *Tibor Bognar*

Tibor Bognar

IV   *Albert Normandin*

Tibor Bognar

L'influence de l'Europe du 17ᵉ siècle est manifeste dans la magnifique ville de Québec, surtout à l'intérieur des fortifications. Le long des rues aux pavés usés se dressent des maisons vieilles de 300 ans, maintenant transformées en boutiques, en restaurants et en galeries d'art. Datant de 1893, le Château Frontenac fait figure de nouveau venu dans ces lieux.

Albert Normandin

I   *Albert Normandin*

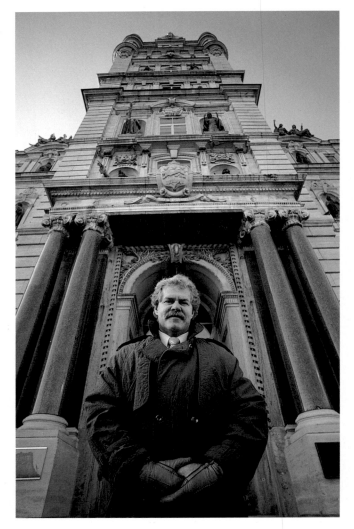

II   *Albert Normandin*

III   *Michel Gravel*

IV *Michel Gravel*

I—Jean-Louis St-Amand au Centre de détention de Québec, où il est chargé d'un programme spécial pour les personnes vivant à l'extérieur de la prison. En portant le flambeau, ce père de six enfants s'est senti non seulement Canadien mais également citoyen du monde.

II—Richard Grenier, étudiant de 37 ans, affirme que << beaucoup d'emplois sont dangereux >> et le sien l'est particulièrement. En effet, afin de payer ses études, il sert de garde du corps aux ministres du gouvernement du Québec. La plupart du temps, il travaille comme chauffeur et veille à ce que les ministres arrivent à temps à leurs rendez-vous.

III—Yvon Vallée, de retour au poste après sa participation au Relais le dix-huitième jour. Yvon est chauffeur d'autobus à Québec depuis 16 ans.

IV—Sylvie Delisle, médecin, a eu une journée bien remplie le 5 décembre. À 8 h 30, elle portait le flambeau près de Deschambault et à 14 h 30, elle assistait au mariage de son frère André et de sa belle-soeur Nathalie, à Pont-Rouge.

1 Tibor Bognar

I—Un spectateur attentif devant l'église anglicane St. Luke, à Waterloo.

II—André Viger, 35 ans, marathonien en fauteuil roulant le plus rapide du monde, a porté le flambeau le vingt-troisième jour, à Sherbrooke. André est devenu paraplégique à 20 ans à la suite d'un accident automobile. Depuis le jour où son copain s'est endormi au volant, André a pris sa vie en main en se fixant des objectifs. Il a remporté de nombreux marathons partout dans le monde, y compris celui de Boston à trois reprises. Il est déterminé à vivre pleinement et c'est ce qui explique sa réussite. << Je veux vivre et non simplement survivre, dit André. Seul le moment présent compte pour moi. >>

III—Alwyn Morris, qui a remporté une médaille d'or aux épreuves olympiques de kayak en 1984, porte le flambeau à Kahnawake, réserve où il est né. Entouré de plus de 750 Mohawk enthousiastes, Alwyn a déclaré qu'il n'avait jamais été si heureux.

II   *Tibor Bognar*

III   *Michel Gravel*

Plus tôt, rues Peel et Sainte-Catherine, le terrible lutteur Mad Dog Vachon pleurait comme un bébé en prenant le flambeau. « L'émotion me traverse tout le corps », a-t-il dit de son fauteuil roulant. Il faut en effet redevenir enfant pour communier à la mystique de cette flamme.

Quelque chose s'est produit à l'arrivée de la flamme à l'hôtel de ville. Cette flamme a le don de vous donner des frissons, de réveiller de vieux rêves de fraternité, de rappeler que, bien avant la mode actuelle de l'excellence, les Jeux olympiques célébraient le dépassement de soi, de souligner que le rallye du baron de Coubertin demeure le plus fréquenté ... bref, de susciter la rare euphorie dans laquelle a baigné Montréal le temps d'une quinzaine estivale et qui réchauffera les coeurs à Calgary. « Chanceux », semblaient dire avec un brin de jalousie les Montréalais nostalgiques. « Profitez-en! »

— *Gérald Leblanc*

Colin Price

I *Arne Glassbourg*

II *Arne Glassbourg*

III   *Stephen Homer*

IV   *Stephen Homer*

I—Sabine Di Filippo, étudiante de 20 ans, à la Palestre nationale de Montréal, construite en 1919. Sabine fait partie d'une équipe de water-polo de calibre international. Pour elle, le Relais a été plutôt relaxant, car elle est habituée à plus de rudesse, comme en fait foi son œil au beurre noir.

II—Silva Sarkissian, porteur du flambeau, et les membres du Club d'escrime Bois-de-Boulogne. En 1986, l'équipe de Silva a remporté les championnats canadiens d'escrime. Étudiante à l'Université de Montréal, elle collabore à *Nor Ayk*, publication mensuelle de la communauté arménienne.

III—Amélie Doucet, 35 ans, qui a porté le flambeau le vingt-septième jour, reçoit une marque d'affection de ses collègues. Serveuse dès l'âge de 14 ans, elle travaille depuis 12 ans au Restaurant Québec, à l'angle des rues Saint-Gérard et Jarry, à Montréal, où tous sont ses amis.

IV—Suzanne Guimont, porteur du flambeau, en concert avec l'orchestre des Musiciens amateurs du Canada, où elle est premier violon.

AU COEUR DU PAYS
Ontario, jours 30 à 51

L'Ontario est une province de contrastes. Comptant plus de neuf millions d'habitants, elle est la province la plus peuplée du Canada et pourtant, les neuf dixièmes de son territoire sont presque inhabités. Centre de l'activité industrielle et financière du pays, l'Ontario a su protéger la nature dans ses parcs et ses réserves. Même si les premiers colons étaient d'origine britannique pour la plupart, les Ontariens forment aujourd'hui une riche mosaïque culturelle.

Le Relais a commencé sa traversée de l'Ontario à Ottawa, point de départ des plus appropriés. L'hiver était de la partie : le ciel était chargé et il neigeait à gros flocons. Un léger vent de l'ouest agitait les drapeaux le long de la rue Wellington, au centre-ville d'Ottawa. Si l'hiver canadien tenait ses promesses, le Relais allait se dérouler dans les conditions les plus rigoureuses, autre record à consigner. Ici dans la capitale nationale, les gens, par milliers, s'étaient rassemblés à la Tour de la Paix pour voir arriver le flambeau olympique.

Anna Beaudry

Colin Price

I   *Colin Price*

II   *Anna Beaudry*

III *Stephen Homer*

Les porteurs du flambeau ont été choisis par tirage au sort et le hasard a donné une représentation appropriée des Canadiens au travail.

I—Eugenie Wolsey et son mari élèvent des pur-sang dans leur domaine près de Cannington, à l'ouest de Peterborough.

II—Cathy Scott, 25 ans, technicienne en forage et en dynamitage, travaille comme inspecteur de la construction. L'hiver, elle conduit un chasse-neige à Manotick.

III—Bruce Patterson, 45 ans, est chauffeur de camion pour la société Atlantic Packaging Products depuis 16 ans. Chaque semaine, il effectue trois voyages de 16 heures. Il y a quelques années, Bruce a cessé de fumer et s'est mis au ski de randonnée et à la course. Aujourd'hui, après son travail, il va courir au lieu de demeurer dans son camion ou d'aller au restaurant.

IV—Joe Maxine, couvreur de Peterborough, manifestement heureux de participer au Relais.

IV *Stephen Homer*

Marthe Love

Stephen Homer

Stephen Homer

Marthe Love

Cornwall, Bonville, Ingleside, Lyn, Kingston, Salem, Deseronto, Omemee, Peterborough, Port Hope, Pickering, Locust Hill, Newmarket... dans les petites et les grandes villes, aux cérémonies et le long de la route, les gens ont pris le temps de fêter la flamme. Ils ont arboré leurs médailles, revêtu leurs plus beaux atours et exhibé des coiffures fantaisistes. Ils sont sortis sous la pluie et dans la neige, s'abritant sous des parapluies colorés. Ils ont emmené leurs enfants, leurs chiens et leurs chats, et même s'ils n'étaient pas tous porteurs du flambeau olympique, bon nombre d'entre eux tenaient une chandelle ou un flambeau fabriqué pour l'occasion. Les Canadiens ont agité le drapeau national avec une ardeur renouvelée, certains le hissant même dans des endroits inattendus. Partout les gens se sont rassemblés pour toucher le flambeau et emporter avec eux un peu de sa chaleur.

Pages suivantes :

La campagne au nord-est de Port Hope.

Colin Price

George Gooderham

La route menant au sud de l'Ontario s'étendait devant la caravane comme un long ruban, l'invitant à poursuivre son chemin vers Calgary. Les arrêts se faisaient plus fréquents et les foules plus nombreuses dans la région densément peuplée du sud de la province. L'accueil chaleureux reçu à chaque étape ajoutait à l'exaltation qui ne cessait de croître à l'approche de Toronto.

Pages suivantes :

La fête au Nathan Phillips Square de Toronto la veille du Relais a été le prélude à un débordement d'enthousiasme sans précédent. Le lendemain matin, l'animation était grande lorsque la caravane est arrivée dans la première ville du Canada. Depuis l'angle de la route 7 et de la rue Yonge jusqu'au coeur du centre-ville, des milliers de spectateurs se sont rassemblés sur près de 22 km pour voir passer la caravane, montant sur les toits, se penchant aux fenêtres et grimpant même sur les statues et les cabines téléphoniques.

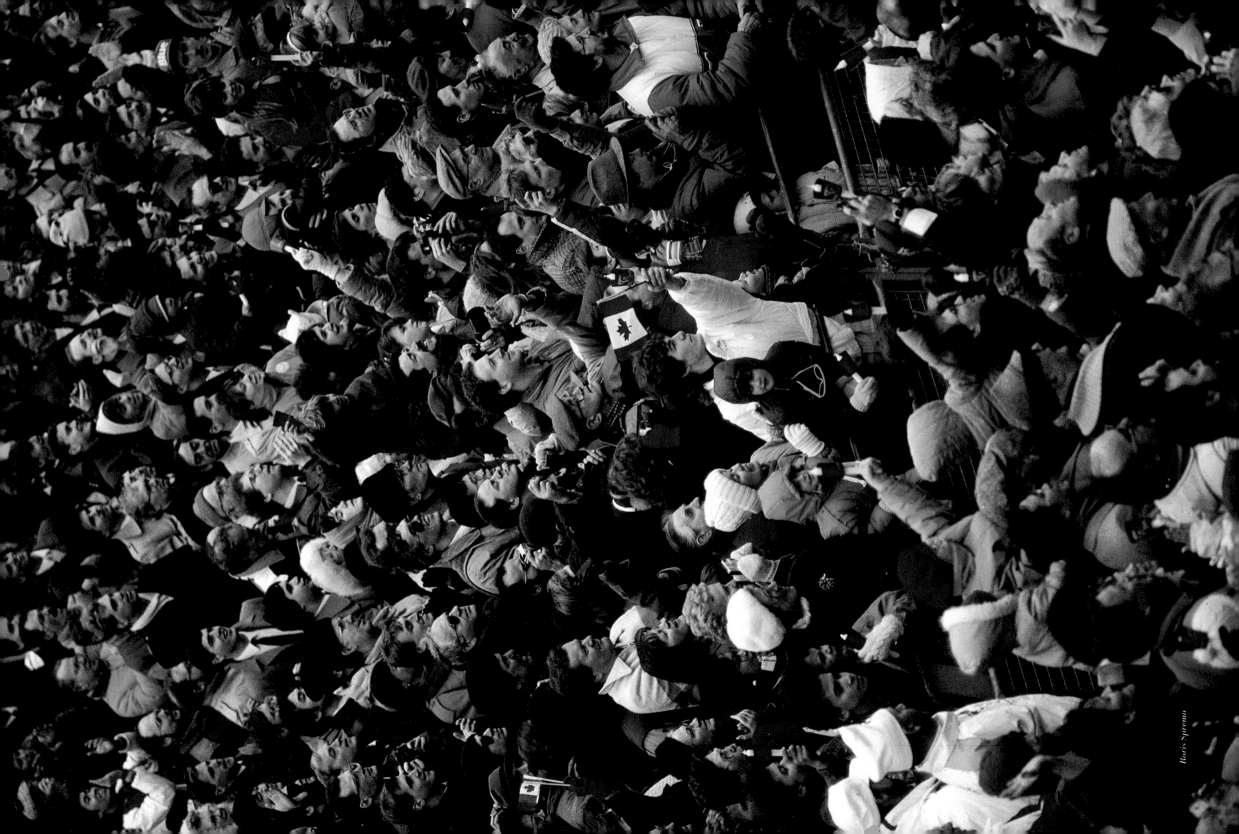

À 12 h 34, Ben Johnson, porteur du
flambeau et médaillé olympique, a
franchi le dernier kilomètre avant le
Nathan Phillips Square, se frayant un
chemin dans la foule. Trois mois
auparavant, il avait pulvérisé le record
mondial du 100 m à la course. Une
foule en délire l'a accueilli lorsqu'il a
débouché sur la place et qu'il est
monté sur l'estrade.

George Gooderham

Boris Spremo

David Sedman

Angella Issajenko, la sprinteuse la plus rapide du Canada, a reçu le flambeau des mains de Ben Johnson, l'homme le plus rapide du monde, à la cérémonie de Toronto. Angella, 29 ans, a porté allégrement le flambeau hors du Square. Aux Jeux de 1984, elle a remporté avec son équipe une médaille d'argent au relais 4 x 100 m.

Ottmar Bierwagen

121

Noël est une fête grandiose à Toronto. Il suffit pour s'en convaincre de suivre l'avenue University ornée de festons de lumières éclatantes. Cette large avenue prolonge la rue Bloor, bordée de boutiques luxueuses et d'arbres aux guirlandes dorées. Sur le chemin se trouve Queen's Park, sobre édifice de pierre rose qui abrite le parlement de l'Ontario. On passe ensuite devant le Hospital for Sick Children, joyeusement décoré, et devant les banques, les maisons de courtage et les cabinets d'avocats du centre-ville. Le spectacle est éblouissant.

C'est cependant à l'heure du lunch qu'on sent le mieux l'approche de Noël. Même les restaurants les plus ordinaires s'emplissent alors de joyeux travailleurs qui prolongent leur repas et rentreront tôt chez eux après le travail. Les 2,1 millions d'habitants du Grand Toronto aiment décidément Noël.

Sherman Hines

II *David Sedman*

I—David Visschedyk, 8 ans, cajole son chaton
<< Bullet >>, reçu à Noël. Atteint d'un cancer des
os, David a bien répondu aux traitements de
chimiothérapie. Il mène une vie active et joue au
hockey presque tous les jours avec ses copains
dans la rue. Il conserve précieusement sa tenue de
porteur du flambeau et la porte en toute occasion
avec les macarons qu'il a obtenus pendant le
Relais.

II—Otto Jelinek, ministre d'État à la Condition
physique et au Sport amateur, et sa soeur Maria
ont traversé Oakville en portant le flambeau la
veille de Noël. En 1962, ils ont remporté le cham-
pionnat du monde de patinage par couples.

III—Susan Thibert, 24 ans, a été très emballée de
porter le flambeau. Ayant gagné de nombreux
rubans aux Jeux olympiques spéciaux, elle est
surtout fière de sa médaille d'argent en natation.
Sa participation aux Jeux spéciaux et le sentiment
de satisfaction qu'elle en a retiré l'ont poussée à
faire une demande de participation au Relais.

III *Grant Black*

Marthe Love

Pour décrire les sentiments qu'ils ont éprouvés en portant le flambeau, les porteurs ont parlé de bonheur et de fierté. Parfois émus jusqu'aux larmes, tous, jeunes ou vieux, ont été ravis de leur participation.

I—Bill Hewson étreint David, son fils de 5 ans.

II—Raymond Bauer, champion olympique de hockey et frère du père David Bauer, l'un des pionniers du hockey au Canada, partage son bonheur avec David Hollingworth, 11 ans.

III—À Stratford, Carl Hiebert communique sa joie à la foule. À l'occasion d'Expo 86, il a volé d'Halifax à Vancouver dans son avion ultra-léger, recueillant 90 000 $ pour l'Association canadienne des paraplégiques.

IV—La nouvelle année est synonyme de renouveau et d'espoir. Le jour de l'an, Larry O'Connor, 76 ans, qui porte un stimulateur cardiaque, a couru avec le flambeau. Membre de l'équipe canadienne d'athlétisme aux Jeux de 1936, Larry s'est sans doute souvenu de ses triomphes passés tout en songeant à l'avenir.

I *Greg Stott*

II *Greg Stott*

III *Greg Stott*

IV *Grant Black*

7 h 30 Brian reçoit sa tenue de porteur du flambeau.

Brian MacLean, 33 ans, de London, en Ontario, est né en Angleterre et a émigré au Canada à 5 ans. Le 3 janvier, Brian s'est levé à 5 h pour se rendre au point de rassemblement des porteurs du flambeau, au Club des Lions de Strathroy, à 7 h 30.

Après avoir revêtu leur tenue officielle, les dix porteurs du flambeau ont assisté à la séance d'information, dirigée par trois coureurs d'escorte appelés << les trois amigos >>, et deux conducteurs de navette, << le drôle de couple >>. La séance a commencé par un bref historique des Jeux et du relais. Puis, les porteurs se sont présentés en mentionnant le nombre de demandes de participation qu'ils avaient faites. Contrairement à la plupart, Brian n'en avait présenté que cinq.

Les animateurs ont poursuivi sur un sujet très important, la sécurité. << Vous devez toujours porter votre tuque, a dit Hugh Ahearn. En prenant le flambeau, certains oublient que le feu brûle... surtout les cheveux. >> Un porteur chauve a alors lancé : << Aucun problème pour moi >>, et Brian a répondu du tac au tac : << Voilà ce qui arrive si on ne porte pas de tuque >>. Tout le monde s'est esclaffé : le ton de la camaraderie était donné.

La séance terminée, ils sont montés dans la navette devant les conduire jusqu'à la caravane. À 9 h 15, les feux clignotants de la voiture de police de tête sont apparus au loin. Le soleil brillait déjà et les spectateurs s'étaient regroupés le long de la route. Puis, tout s'est déroulé rapidement. Les porteurs du flambeau sont montés à bord de Flambeau 1, le véhicule aménagé à leur intention. De plus en plus enthousiastes, ils s'étiraient le cou par les fenêtres et par les portières pour mieux voir le spectacle. Les membres du groupe, qui se sont surnommés << l'Esprit de 1988 >>, ont l'un après l'autre porté le flambeau. Son tour venu, Brian s'est assis près de la portière. À 10 h 29, il a sauté dans la rue, a reçu l'accolade de sa coéquipière Cindy et s'est mis à courir.

En six minutes tout était fini, mais l'euphorie demeurait. << Dès qu'on prend le flambeau, on sent son énergie. Il est devenu si chaud que j'ai dû enlever mes gants. Sa chaleur m'envahissait. >> Cette chaleur ne lui venait cependant pas de la flamme. Par ce dimanche ensoleillé, ce qui a touché Brian, comme tous ceux qui s'approchent de la flamme, c'est la mystique des Jeux.

À midi, il est retourné chez lui. À l'instar de ceux qui l'avaient précédé et qui le suivraient, il était entré, l'espace de six minutes, dans l'histoire des Jeux olympiques et du Canada.

7 h 43 Au Club des Lions, trois coureurs d'escorte et deux conducteurs renseignent les porteurs du flambeau.

Photos de Grant Black

8 h 18 Le groupe à bord de Flambeau 13, en route vers le Relais.

9 h La navette attend la caravane : Flambeau 1 est bientôt au rendez-vous.

9 h 25 Les porteurs montent à bord de Flambeau 1. Brian attend son tour.

10 h 29 Le moment est enfin arrivé : Brian porte le flambeau.

10 h 31 Bref arrêt pour prendre des photos de famille et Brian repart.

11 h 30 Le groupe << l'Esprit de 1988 >>, de retour au Club des Lions.

I,III—De 10 000 à 15 000 spectateurs ont illuminé la nuit lors de la cérémonie de London, le quarante-huitième jour. Même les tout-petits ont levé leur bougie olympique pour saluer le flambeau. Certaines personnes s'étaient rendues quatre heures à l'avance pour entendre la musique et voir les spectacles de danse et de patinage artistique. La réception extraordinaire réservée à la caravane par cette ville de quelque 280 000 habitants donne une idée du soutien considérable qu'allait obtenir le Relais en Ontario.

II—Pour Heather Freer, de Petrolia, la joie de porter le flambeau s'est ajoutée au bonheur de mettre au monde son enfant. Huit heures après avoir couru dans les rues bondées de Sarnia, elle a donné naissance à Alyssa Marlo. Heather a décidé de courir, encouragée par son mari, Jay, et son médecin, qui l'ont accompagnée durant le trajet. Plus tard, à l'hôpital, elle a confié : << Porter le flambeau et avoir mon bébé m'ont apporté à peu près autant de joie, mais peut-être que la naissance de mon bébé m'en a donné plus. >>

I *Grant Black*

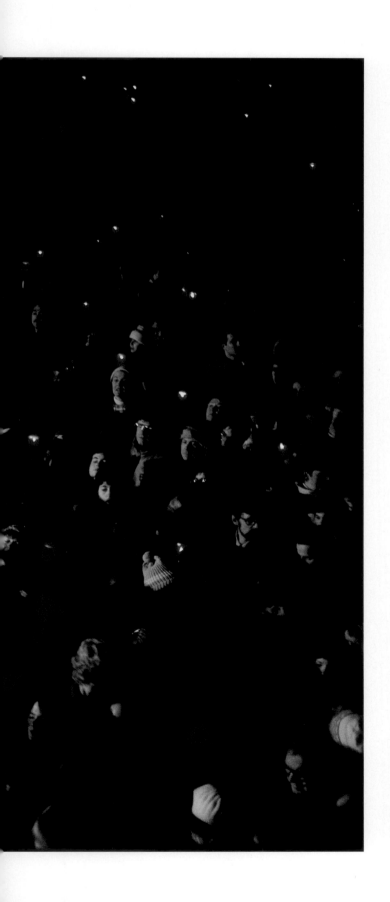

II   *Greg Stott*

III   *Grant Black*

139

1 Greg Stott

II *Greg Stott*

III *Greg Stott*

IV *Grant Black*

Des milliers de personnes ont participé directement au Relais et des millions d'autres y ont pris part comme spectateurs. Cet événement d'envergure a attiré des Canadiens de toute appartenance. Peu y sont restés indifférents.

I—La famille Bowman n'a pas eu connaissance du passage du flambeau à quelques kilomètres de chez elle, encore moins de la tenue des Jeux Olympiques. Il s'agit d'une famille mennonite de « l'Ordre ancien », groupe qui est fortement attaché aux méthodes traditionnelles d'agriculture, sans commodités comme l'électricité, le chauffage et l'eau courante. Malgré les assauts du monde moderne, les Bowman mènent une existence semblable à celle de leurs ancêtres il y a des siècles.

II—Denyse Provost, au cours de la cérémonie à la base militaire de Borden, où les soldats ont accueilli la flamme avec enthousiasme.

III—Betty White s'est emmitouflée pour le Relais.

IV—La famille King de Guelph a voulu à tout prix souligner cet événement historique.

XV Olympic Winter Games
XV Jeux Olympiques d'hiver

PETRO-CANADA

Sponsor and Organizer
Olympic Torch Relay

Commanditaire et organisateur
du Relais du flambeau olympique

Grant Black

LE RYTHME S'ACCÉLÈRE

Ontario, Manitoba, Saskatchewan, jours 52 à 63

Grant Black

Pendant dix jours, le flambeau a été transporté en motoneige sur 2 800 km, dans des contrées froides, parfois désolées. Les organisateurs du Relais ont dû tenir compte des rigueurs de l'hiver qui, au coeur du continent, règne en maître absolu.

Pour effectuer le trajet de Shanty Bay, en Ontario, à Prince-Albert, en Saskatchewan, on a utilisé trois motoneiges Safari 503 de Bombardier, équipées de roues et de skis, de barres protectrices, de rétroviseurs et d'un guidon chauffant. La caravane voyageait à des vitesses de 30 à 50 km à l'heure et progressait rapidement. Les organisateurs ont cependant tenu à ce que la flamme soit portée par un coureur au moment des cérémonies.

Après avoir effectué leur parcours en motoneige, les porteurs pouvaient courir ensemble sur une distance de un kilomètre, se passant le flambeau de l'un à l'autre.

Le soleil se lève sur le lac Simcoe au moment où le père Maurice Ouimet (à gauche) prend place sur la motoneige pour porter le flambeau. Pendant longtemps, le père Ouimet a desservi cinq paroisses isolées, à l'ouest de la baie James. Dans les années 1950, il a demandé à son vieil ami Joseph-Armand Bombardier de mettre au point un véhicule motorisé qui faciliterait ses déplacements. Quelque temps après, le père Ouimet devenait le premier Canadien à posséder une motoneige.

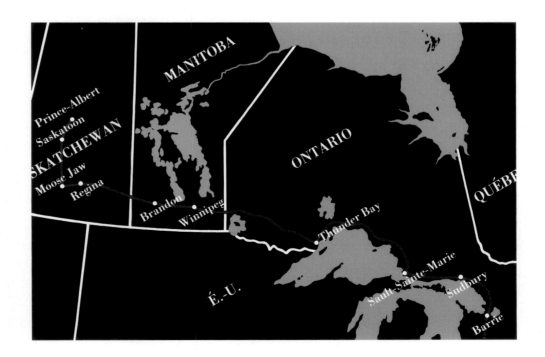

I— << J'ai vu la flamme hier >>, a expliqué Francis
Pigeon, 29 ans, d'Elliott Lake, qui avait conduit
26 heures d'affilée. << J'ai voulu klaxonner mais
l'avertisseur était bloqué par la neige.>>

II—Pour David Harris, contrôleur aérien à l'aéroport de Thunder Bay, porter le flambeau a été un
moment de répit.

III—Robert Zufelt se remémore avec plaisir le
moment où il a porté la flamme à Sault-Sainte-Marie.

II   *Tom Skudra*

III   *Greg Stott*

II *Greg Stott*

D'excellents jeunes athlètes ont pris part au Relais, partageant ainsi leur expérience de sportifs et leur fierté de Canadiens.

I—Liisa Savijarvi a remporté une victoire personnelle en portant le flambeau. Un an auparavant, elle s'était grièvement blessée lors d'une descente en skis à Vail, au Colorado. Les entraîneurs croyaient qu'elle ne skierait plus et les médecins, qu'elle ne remarcherait peut-être jamais. Le cinquante-deuxième jour elle était pourtant là, courant pour la première fois depuis son accident.

II—Alex Baumann a remporté deux médailles d'or olympiques et a établi deux records mondiaux au 400 m et au 200 m quatre nages, exploits demeurés inégalés pendant trois ans. Le Relais a été une expérience marquante pour Alex : << Je me suis revu en 1984. Je n'avais rien ressenti de tel depuis. >> Selon Alex, si on s'accroche à ses rêves et qu'on refuse d'abandonner la partie, on devient un exemple pour les autres. Les enfants qui lui parlaient et qui tentaient de l'approcher lorsqu'il est passé avec le flambeau semblaient lui donner raison.

1 *Grant Black*

II *Grant Black*

I—Jim Cada, 23 ans, à Blind
River avant la cérémonie-éclair.
Jim, qui est ojibway, a mis de
superbes gants brodés par sa
mère. Il travaille pour la réserve
Mississauga.

II—David Doucette, 15 ans, tient
la photo de son frère Jason qu'il a
conservée sur lui en portant le
flambeau le cinquante-cinquième
jour. Jason, 12 ans, s'est noyé le
jour où sa participation au Relais
a été confirmée. David, encouragé
par ses parents, a remplacé son
frère. << J'attendais ce moment
avec impatience. Je suis heureux
qu'on m'ait choisi pour courir à sa
place. >> La chambre de Jason,
remplie de trophées et de souve-
nirs, témoigne d'une vie heureuse,
active et pleine de défis. << Je

désire souligner l'esprit combatif de
Jason >> , a confié David, rendant
ainsi hommage à la mémoire de son
frère.

III—À Thunder Bay, les membres
de la caravane se sont recueillis
devant le monument érigé à la
mémoire de Terry Fox, coureur
unijambiste qui a marqué le Canada
par son courage et sa détermination.
C'est ici que Terry Fox mit un terme
à son Marathon de l'espoir, qui lui a
permis de recueillir 24 millions de
dollars pour la recherche sur le
cancer. À la base du monument, une
inscription rappelle que le coureur a
uni les Canadiens comme jamais
auparavant. Lorsque la caravane
s'est arrêtée devant la statue, fouettée
par le vent, tous ont rendu un hommage silencieux au héros canadien.

III *Greg Stott*

151

Stanlake, 15 ans, a distribué ses journaux en plus de porter le flambeau.

III—Laurence de March, porteur du flambeau et biologiste au centre de recherche en eau douce de l'Université du Manitoba, observe de jeunes ombles arctiques.

IV—Travaillant à la Monnaie royale canadienne à Winnipeg depuis 12 ans, Clifford Pockett, qui a porté le flambeau le cinquante-neuvième jour, présente de nouvelles pièces de un dollar, ornées d'un huard.

Pages suivantes : Au Manitoba, le Relais a suscité un nouvel enthousiasme : onze motoneiges l'ont escorté jusqu'à Sainte-Anne tandis que dans les villages bordant la route menant en Saskatchewan, on l'accueillait avec chaleur.

II *Brian Milne*

III *Art Turner*

IV *Art Turner*

155

Relais du
flambeau
olympique

Grant Black

Saskatchewan, jour 61

Brian Milne

Lorsqu'au début de l'été de 1814, Gabriel Franchère, Canadien français négociant en fourrures, atteignit le lac Winnipeg, il fut ébloui par le spectacle qui s'offrait à lui. Il vit que l'harmonie qui se dégageait du ciel et de la terre au fil de la rivière Saskatchewan, emplissait l'âme de joie et d'enchantement. Pourquoi alors, se demanda-t-il, ces lieux sont-ils déserts?

L'hiver lui apporta la réponse : la nature avait perdu toute sa beauté. Pourtant, les hommes et les femmes qui lui ont succédé — ceux-là même qui ont apprivoisé cette terre qui, en retour, a façonné leur vie — savaient que janvier et février pouvaient conférer aux plaines une intense beauté. Leur donner l'éclat des jours brefs, aussi bleus que l'océan, et des longues nuits claires sous la lumière vacillante des étoiles. Une beauté silencieuse, à peine troublée par la plainte du vent qui inspire la terreur.

L'hiver nous rappelle que même si nous asservissons la terre, nous ne la dominons jamais entièrement. Les pionniers ont bravé les rigueurs de l'hiver pour refaire leur vie, et les noms de lieux de la Saskatchewan témoignent de leurs rêves : Virgin River, Eldorado, Paradise Hill. Mais, lorsque les temps sont difficiles et que l'espoir s'effrite, les noms s'assombrissent et deviennent lac Snare, Holdfast, lac Déception. Parfois, ils dénotent le découragement le plus absolu : Bone Creek, Perdue.

C'est sur cette terre balayée par les vents, le long des routes qui se souviennent des espoirs des fermiers, des éleveurs et des chercheurs de pétrole, que des centaines d'habitants de l'Ouest ont fièrement porté le flambeau en bois d'érable. Le Relais a opposé deux éléments contraires : le feu et la glace. Abstraction faite des spectateurs, des voitures, des camions et des navettes, seule subsistait cette image toute simple : un porteur du flambeau vêtu de rouge, courant dans l'immensité blanche.

De cette lutte entre les éléments, le feu semble être sorti vainqueur. Même dans les froids les plus intenses, les coureurs ont persévéré et la flamme ne s'est pas éteinte. Mais lorsque le flambeau est disparu, laissant derrière lui le ravissement et la joie, la glace et la neige, implacables et magnifiques, ont repris leurs droits. — *Mark Abley*

Brian Milne

159

I *Tom Skudra*

II *Tom Skudra*

III *Douglas Walker*

I—Myrna et Martin Luther à leur ferme << Riskan Hope >>, près de Craik. Martin, qui est né en 1912 et a vécu à Craik toute sa vie, est issu d'une famille où on est fermier depuis quatre générations. Les Luther ont deux enfants et cinq petits-enfants. Ce soir-là, lorsque la caravane est passée, ils sont sortis avec un flambeau et des bougies pour célébrer la flamme.

II—La station Bennett, à Chamberlain, appartient à la famille Bennett depuis 1918; cet établissement date de 1944. Les employés de Petro-Canada ne pouvaient porter le flambeau, mais Cleve Bennett et son fils Lyle ont quand même fêté la flamme. À son arrivée, en début de soirée, les Bennett ont distribué des ballons et des drapeaux aux spectateurs.

III—Colins Geber et Joyce Paquette, porteurs du flambeau, photographiés près des avions d'entraînement à la base militaire de Moose Jaw. Colins et Joyce ont reçu une formation en dispositifs de sécurité aéronautique et comme techniciens pour ces avions, utilisés par le célèbre équipage d'acrobatie des *Snowbirds*.

a vendu sept chèvres pour payer son voyage et celui de ses parents au Québec, où ils ont été reçus comme des rois par Pierre Fafard, autre porteur du flambeau. Cette expérience lui aura permis de nouer des liens durables et de fêter pleinement la flamme.

II—Le sergent Gregory Cooper (à gauche), porteur du flambeau, au centre de formation de la GRC, situé à Regina, où il a fait un stage vingt ans plus tôt; il est en compagnie du sergent instructeur Ron Williamson.

III—Élévateurs à grains près d'Estlin.

I   *Douglas Walker*

II   *Douglas Walker*

III   *Douglas Walker*

Gary Fiegehen

Tom Skudra

CAP SUR LE NORD-OUEST
Territoires du Nord-Ouest, Yukon, Colombie-Britannique, jours 63 à 80

L e 18 janvier, la flamme s'est envolée de Prince-Albert, en Saskatchewan, vers Yellowknife, seule ville et capitale des Territoires du Nord-Ouest, pour traverser le Nord canadien. Le lendemain à 11 h, le flambeau allait poursuivre sa traversée aérienne, dans la lumière des brèves journées nordiques, vers Inuvik, la plus importante collectivité canadienne au nord du cercle arctique. Il devait ensuite être transporté à Whitehorse, capitale du Yukon, puis en Colombie-Britannique.

Les Territoires du Nord-Ouest occupent plus du tiers du Canada mais ne comptent que 52 000 habitants. Il est difficile de décrire l'immensité de ces terres à ceux qui ne les ont jamais vues. Le sentiment de solitude qui se dégage des paysages est cependant compensé par la chaleur des habitants.

La caravane a dû s'adapter aux rigueurs de l'hiver du Nord. Elle est passée de 40 véhicules à 6, et la voiture de police de tête a fait place à une camionnette à quatre roues motrices conduite par des agents tout aussi emmitouflés que les spectateurs : longs parkas bordés de fourrure, bottes de neige et chapeaux à rabats. Ici, la tradition des traîneaux à chiens est encore bien vivante. C'est à bord de l'un de ces traîneaux que la flamme a traversé Inuvik.

I *Gary Fiegehen*

II *Gary Fiegehen*

I—Mark Eveson, 39 ans, de Yellowknife, est foreur dans une mine d'or à ciel ouvert des environs. Il est fier de l'heureuse influence que sa participation au Relais a exercée sur son fils qu'il élève seul. Celui-ci fait maintenant de l'athlétisme.

II—Norman Sangris, 15 ans, est déné et habite Yellowknife. Il porte ici le manteau fait par sa soeur Mary Anne. Norman est trappeur. Il se déplace en motoneige pour examiner ses pièges, mais les fins de semaine, il attèle souvent ses chiens.

III—Stan Ruben passe devant l'église Our Lady of Victory, à Inuvik. Cette église unique, en forme d'igloo, a été construite en 1958 d'après de simples croquis ; cette attraction touristique est connue même en Europe.

IV—Lorraine Lokos, 34 ans, qui habite Inuvik depuis longtemps, et Victor Botari, 43 ans, ont tous deux porté le flambeau. Ils mettent leur passion du ski de fond au service de la collectivité d'Inuvik. Lorraine a participé à des compétitions et Victor est moniteur.

III *Tom Skudra*

IV *Gary Fiegehen*

169

À Inuvik, c'était la première fois dans l'histoire du relais que le flambeau franchissait le cercle arctique et qu'il voyageait en traîneau à chiens. La Manitobaine Janice Nikkel porte ici le flambeau à bord du traîneau de Brian St. Amand, qui habite la région.

Tom Skudra

Perry Zavitz

Yukon, jour 64

À 17 h 30, l'avion transportant la flamme a atterri à Whitehorse, qui abrite les deux tiers de la population du Yukon. Sur les rives du Yukon ou *Yu-kun-ah*, la << grande rivière >> qui draine les trois quarts du territoire, l'enthousiasme battait son plein. Une grande partie des quelque 15 000 habitants de la ville étaient au rendez-vous.

Pour beaucoup, le Yukon évoque la ruée vers l'or, mais les véritables trésors que l'on trouve ici sont d'une toute autre nature. Bien avant les expéditions de 1890, le Yukon était une terre d'une beauté majestueuse, avec ses chaînes de montagnes, ses vastes toundras et ses longues nuits d'hiver. Un peuple y vivait en harmonie avec le Nord. Aujourd'hui, l'or exerce toujours sa fascination ; il a toutefois cédé la place à d'autres minerais dans l'économie de cette région.

Ici, les motoneiges sont devenues le moyen de locomotion par excellence, mais les traîneaux à chiens sont encore utilisés, comme le montre James Boyde (à gauche), photographié avec son magnifique traîneau. James, 44 ans, biathlonien aux Jeux de Grenoble de 1968, enseigne à Mayo et dresse des chiens de traîneau; il est amateur de ski de fond, de canotage et de chasse.

173

Les porteurs du flambeau de Whitehorse illustrent bien le caractère unique du Yukon.

I—Gerry Stockley, 15 ans, a vécu neuf ans dans une cabane de deux pièces au bord du lac Laberge, rendu célèbre par le poète Robert Service dans << The Cremation of Sam McGee >>. Gerry et ses parents sont photographiés devant la cabane de Sam ; celle-ci fait maintenant partie d'un musée.

II—Ron McFadyen, 45 ans, se détend dans les sources thermales Takhini, près de Whitehorse. La température de l'eau, qui varie entre 35 et 40 °C, contraste avec celle de l'air, qui peut descendre jusqu'à 30 °C sous zéro.

III—Alan Taylor, 24 ans, s'entraîne à la boxe au centre pour autochtones. Alan a représenté le Yukon aux championnats canadiens trois années de suite jusqu'en 1984. Toujours très actif, il a mis sur pied une équipe de balle lente.

IV—Janet Arntzen, 13 ans, bien au chaud dans son parka coloré, devant une église anglicane en rondins, construite en 1898.

Kharen Hill

I   *John Douglas Kenny*

Colombie-Britannique, jour 64

Le soixante-quatrième jour, il était près de minuit lorsque la flamme, après avoir quitté Whitehorse, a atterri à Fort St. John, en Colombie-Britannique. À la suite de la cérémonie du lendemain matin, elle a poursuivi sa route jusqu'à Prince-George et de là, vers Campbell River, dans l'Île de Vancouver. En une journée, la température est passée de 35 °C sous zéro à 7 °C, et on a troqué parkas et mitaines contre blousons et shorts. À Campbell River, lieu de rendez-vous avec le reste de la caravane, venu de Prince-Albert par la route, le flambeau a de nouveau été remis à un coureur.

La province la plus à l'ouest du Canada a accueilli le flambeau avec émotion. Cet accueil a été le même dans les villes du Nord, sur la côte ou dans les régions intérieures, où la caravane a franchi la portion la plus accidentée de son parcours. La Colombie-Britannique est reconnue pour son climat côtier, réchauffé par des courants du large. L'activité est intense sur la côte toute l'année. La pêche et l'abattage des arbres sont les deux principales industries de cette province. On voit souvent se former des trains de bois, comme celui-ci à Courtenay (ci-contre).

I—Roberta Lang, 16 ans, a porté le flambeau à Prince-George, où elle a obtenu le titre de << Miss Teen >> en 1987. Elle s'intéresse aux sports ainsi qu'aux activités parascolaires et communautaires, et souhaite participer aux Jeux olympiques de 1992.

II—Linda Johnson, 16 ans, qui se classe parmi les meilleurs patineurs de vitesse au pays, a porté le flambeau à Fort St. John.

II   *John Douglas Kenny*

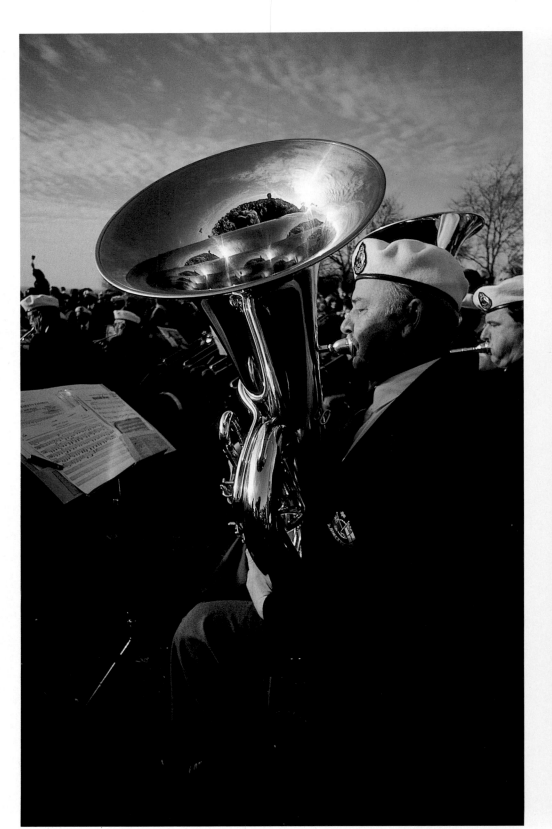

I   *Kharen Hill*   II   *Kharen Hill*

I—À Victoria, le soixante-huitième jour, Hal Ball joue du tuba dans la fanfare de la Chiefs and Petty Officers Association, regroupant d'anciens militaires.

II—Porteurs du flambeau et spectateurs ont été subjugués par la magie de la flamme. Partout, les gens voulaient toucher le flambeau en bois d'érable.

III—Les attroupements de spectateurs allumant leurs bougies à même la flamme d'Olympie, comme ici à Duncan, étaient devenus une scène courante mais toujours émouvante.

III   *Kharen Hill*

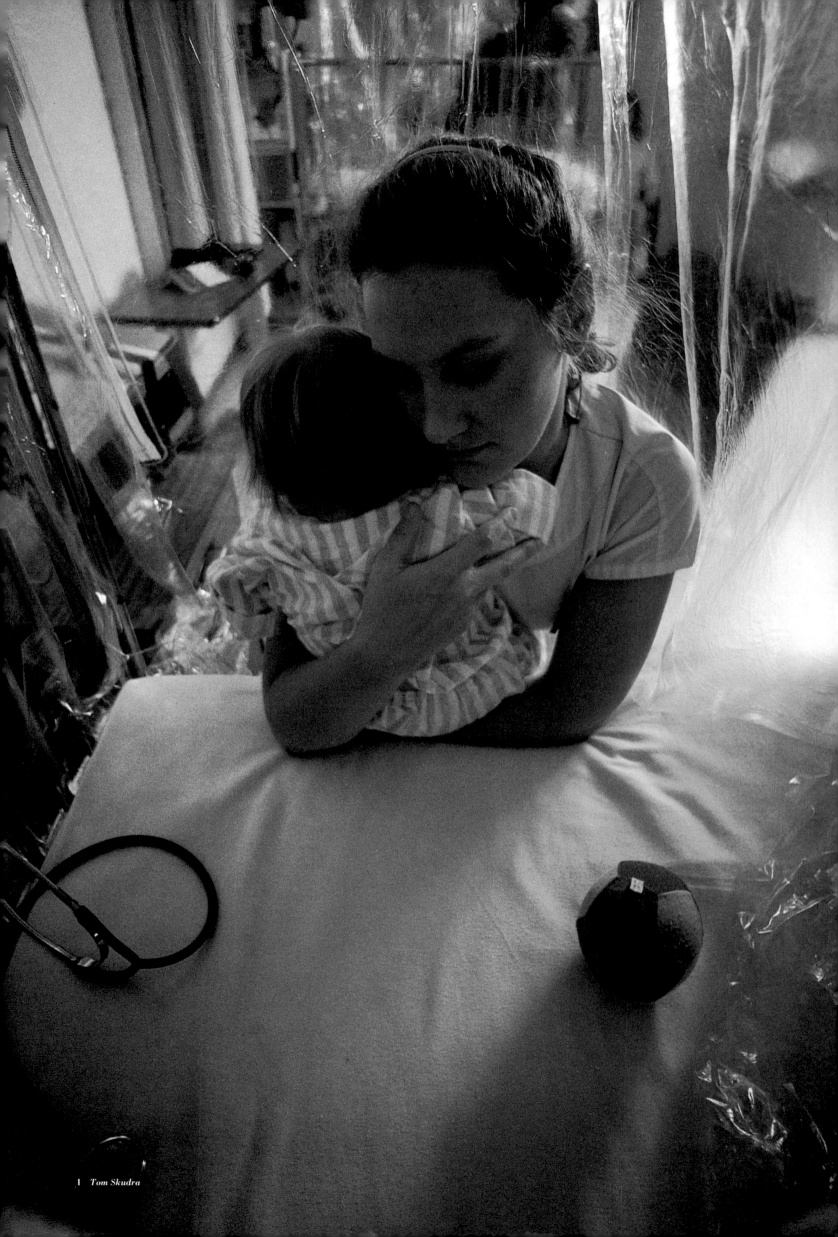

II *Marthe Love*

III *Tom Skudra*

I—Mary-Louise Stacey réconforte Kyle Fleming, qui se remet d'une bronchiolite, au Victoria General Hospital. Mary-Louise, 24 ans, revenait à peine de voyage de noces lorsqu'elle a porté le flambeau, le soixante-septième jour.

II—George Harris, 42 ans, habite dans la réserve de Chemainus, où il est directeur commercial. Ses parents et ses amis ainsi que les autres membres de la bande ont tenu à le fêter avant sa participation au Relais à Qualicum, le soixante-sixième jour.

III—Howard Kelsey, porteur du flambeau, est joueur de défense pour l'équipe nationale de basket-ball depuis 12 ans et directeur adjoint des sports à l'Université de Victoria. << C'est un sport très dynamique, dit-il. Il demande rythme, rapidité, force et imagination. >> Howard (au centre) est photographié avec Spencer McKay, Cord Clemens et Geoff McKay. Ken Shields, 42 ans, à l'arrière, est instructeur de l'équipe de l'Université de Victoria qui a remporté sept des huit derniers championnats universitaires au Canada.

I *Tom Skudra*

II *Kharen Hill*

Pendant trois jours, dans les villes et les villages de l'Île de Vancouver, le Relais a été accueilli avec un enthousiasme débordant.

I,II—Tryntje Horn vit avec son mari, le musicien Paul Horn, à Victoria, dans une maison dont elle a elle-même conçu les plans. Dans leur domaine, qui donne sur l'océan, l'espace ne manque pas pour les animaux : chèvres nubiennes, moutons, chiens et chats. Originaire de Hollande, elle a travaillé dans le monde de la mode à Paris, à Milan et à New York avant de s'établir ici, où elle mène aujourd'hui une vie beaucoup plus paisible. Quand elle a porté le flambeau, le soixante-huitième jour, Tryntje tenait également un bouquet de tulipes en l'honneur des soldats canadiens qui ont libéré son pays pendant la Deuxième Guerre mondiale. Elle était accompagnée de son chien, revêtu d'un manteau orné de l'emblème du Relais qu'elle avait confectionné pour l'occasion. Après avoir remis le flambeau au porteur suivant, elle a confié, enthousiasmée : << C'était le paradis sur terre, une expérience spirituelle dont je me souviendrai pendant 100 ans! >>

III—En silhouette, des spectateurs au Beacon Hill Park de Victoria, sur la route du Relais.

IV, V—Le *Queen of Saanich*, avec le flambeau à son bord, traverse Active Pass, dans le détroit de Géorgie, en route pour la côte de la Colombie-Britannique, le soixante-huitième jour. Le lendemain, le flambeau serait dans la troisième ville en importance au pays. Tôt le matin, il se rendrait à la Place du Canada pour la cérémonie d'accueil et parcourrait ensuite la ville et les environs.

V *Kharen Hill*

III *Kharen Hill*

IV *Heather Dean*

I *Alan Zenuk*

II *Marthe Love*

III   *Jurgen Vogt*

I—La caravane traverse le pont Lions Gate, à Vancouver. II, III—Trevor Woytko, 12 ans, ne peut contenir son émotion pendant la cérémonie à la Place du Canada, à Vancouver, où il a remis le flambeau à son héros, Rick Hansen (ci-dessous). Trevor a l'habitude des grands événements, car il a participé à cinq téléthons du Variety Club et à la cérémonie pour le retour de Rick, en 1987, au terme de son tour du monde. Celui-ci a recueilli plus de 23 millions de dollars, pour la recherche et la réadaptation.

Dans le Grand Vancouver, qui compte environ 1,4 million d'habitants, les porteurs du flambeau avaient divers loisirs et occupations.

I—Lori Fung s'entraîne six heures et demie par jour. Lori, 24 ans, est médaillée d'or olympique en gymnastique rythmique, où on utilise cordes, rubans, cerceaux, massues et ballons, et a gagné six championnats canadiens dans cette discipline. Après avoir porté le flambeau, Lori s'est exclamée : << C'est merveilleux… Voilà pourquoi je suis toujours au gymnase ! >>

II—Richard Johnson, 24 ans, sur son voilier au large de Stanley Park; à l'arrière-plan, on aperçoit Vancouver.

II   *Larry Goldstein*

I *Alex Waterhouse-Hayward*

II *Larry Goldstein*

III *Tom Skudra*

188

IV *Heather Dean*

I—David Lineker, 38 ans, pilote des Lignes
aériennes Canadien, se prépare à quitter Vancouver.
David, sa femme Bonnie et leur fille Samantha ont
porté le flambeau le soixante-sixième jour.

II—Susan Adair, 45 ans, présente le matériel
servant aux opérations de recherche et de sauvetage
auxquelles elle participe comme volontaire. Susan,
dont l'intérêt pour la bonne forme physique
remonte à environ 6 ans, court de 6 à 9 km par jour.
Maître-nageur, elle se consacre aussi aux jeunes
handicapés physiques et mentaux.

III—Glenn Holstine, 25 ans, pilote un bateau de
drave pour la division de l'abattage de Squamish
de la Weldwood of Canada. Glenn, qui est père de
famille, directeur du club de squash de Squamish
et barman les fins de semaine, a quand même
trouvé le temps de porter le flambeau le soixante-
septième jour.

IV—James Peerenboom, 14 ans, survole le Golden
Ears Park en hélicoptère, aux côtés de son père, la
veille de sa participation au Relais.

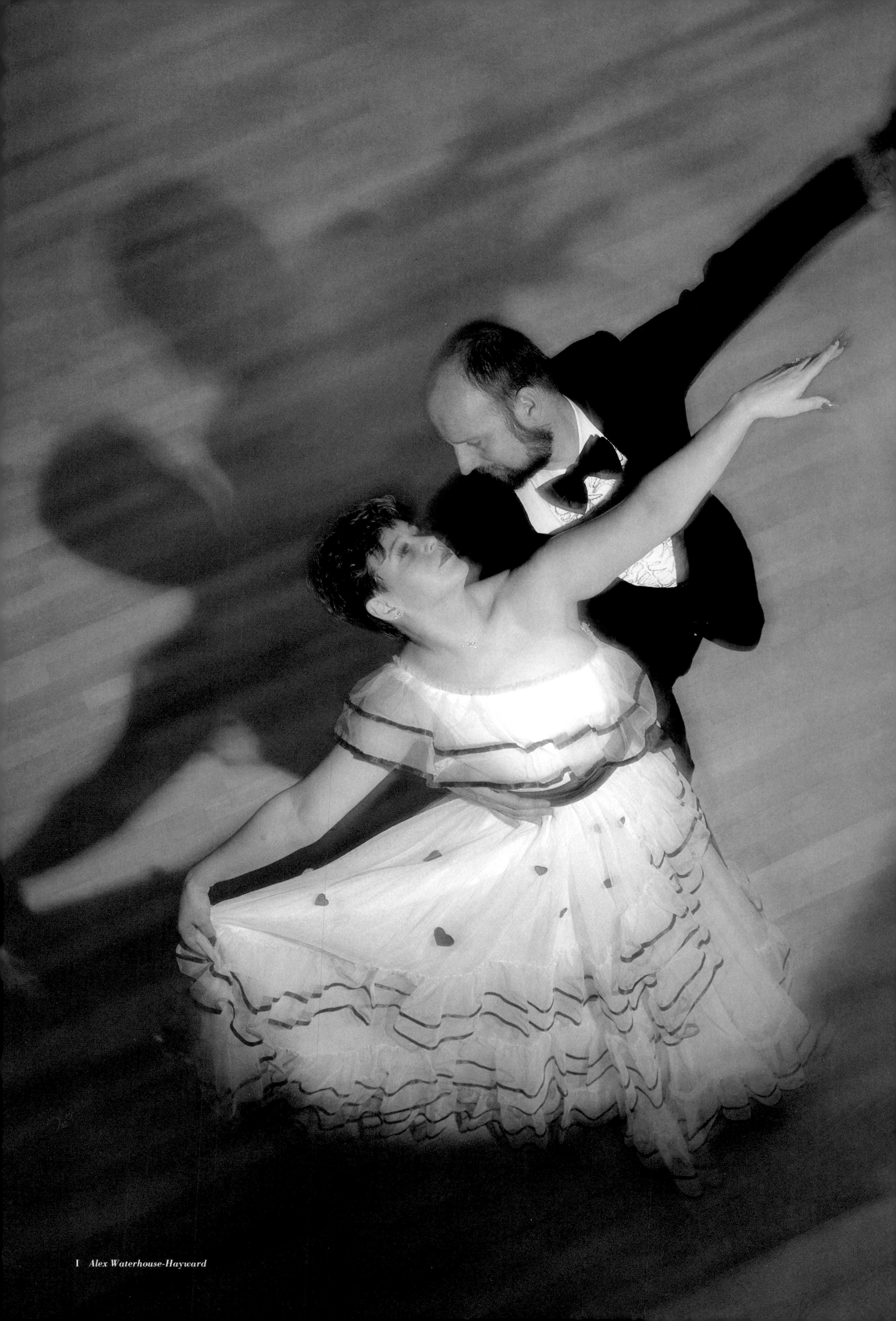

I *Alex Waterhouse-Hayward*

I—Dale et Mandy Crump, porteurs du flambeau, virevoltent sur la piste du Dance City. Ce couple, spécialisé en danse internationale niveau *Argent*, se produit dans nombre de provinces et d'états. Dale fait du patin à roulettes et du tir à l'arc et joue aux quilles. Mandy s'intéresse à l'artisanat, fait de l'escrime et travaille à l'occasion comme figurante. Ils sont coprésidents de la Goldwing Road Riders Association et conduisent deux motos Honda aux couleurs assorties : l'une marine et l'autre rose.

II—Catherine Cooper, 75 ans, a porté le flambeau sur le pont Cambie, à Vancouver, avec son petit-fils Colin, 15 ans. Confinée à un fauteuil roulant à la suite d'une attaque d'apoplexie, elle a écrit : << Rien ne serait plus formidable que de porter le flambeau ensemble. >>

III—Anita Wong, 22 ans, fait de la poterie au Emily Carr College of Art and Design de Vancouver. Cette étudiante de troisième année a été élevée dans la campagne de Cloverdale. La vie rurale et les voyages outre-mer ont éveillé son sens de l'esthétique et l'ont motivée à porter le flambeau.

II *Larry Goldstein*

III *Kharen Hill*

Jurgen Vogt

William DeKay

Marthe Love

Jurgen Vogt

William DeKay

William DeKay

William DeKay

Juste avant Hope, la caravane a commencé à gravir les montagnes sillonnant la Colombie-Britannique. Dans cette province, le Relais a eu pour toile de fond certains des paysages les plus grandioses du Canada, comme le pont Nine-Mile, près de Boston Bar (ci-contre). Dans les villes et les villages des régions intérieures, tels Lytton, Spences Bridge, Cache Creek, Savona, Creston et Cranbrook, des foules en fête ont accueilli la flamme.

II   *William DeKay*

I—Enrico Dobrzensky, 41 ans, se repose de sa vie tré- pidante d'homme d'affaires dans un ranch de 6 000 hectares, à Cache Creek. Responsable du domaine, Enrico ne correspond pas au portrait type du cowboy : il parle six langues, détient un doctorat en sciences politiques et a déjà été diplomate. Ce ranch est pour lui la réalisation du rêve canadien : << Quand on pense à tout ce qui fait le Canada, ce rêve est l'un des plus vrais et des plus satisfaisants. >> Adhérant à l'idéal de par- ticipation des Jeux olympiques, il a été honoré de porter le flambeau, de participer au Relais << d'une façon qui

peut paraître modeste, mais qui est importante >>.
II—Barry Martin, 38 ans, John MacDonald, 36 ans, et Bob Gyurkovits, 37 ans, qui ont porté le flambeau le soixante-dix-neuvième jour, travaillent tous à la mine Sullivan de Cominco, à Kimberley. Cette énorme installation est l'une des plus importantes mines de plomb, de zinc et d'argent au monde. Bob est le contremaître de Barry et de John, qui sont beaux- frères. Ces derniers sont techniciens en forage et en dynamitage sous terre, un des métiers les plus ardus et dangereux qui soient.

195

I *Jurgen Vogt*

II *William DeKay*

III *Jurgen Vogt*

196

IV *Jurgen Vogt*

V *William DeKay*

VI *Paul Little*

I—Les Armstrong et son fils Wade, porteurs du flambeau, au lac Kootenay.

II—Ed Bay, 59 ans, dans une voiture-restaurant Argyle 1929, au musée de Cranbrook. Ed, ancien surintendant à CP Rail, a porté le flambeau le soixante-dix-huitième jour.

III—Ena McKay, 76 ans, chasse l'orignal dans les montagnes de Kelowna. Sa mère lui a appris à tirer avec un revolver que Billy Miner, célèbre hors-la-loi, avait offert à sa grand-mère.

IV—Paul Strukoff, de la troisième génération de doukhobors au Canada, habite Grand Forks où 40 pour cent des 5 000 citoyens sont d'ascendance russe et où on enseigne le russe et le français. Porter le flambeau correspondait à son idéal de paix et d'engagement personnel.

V—Nancy Greene Raine, 44 ans, et ses parents, Robert et Helen, à Red Mountain, où la skieuse a amorcé la carrière qui lui a valu une médaille d'or olympique en 1968.

VI—Margo Blackwood a porté le flambeau à Fernie.

Les Canadiens connaissent bien ces handicapés originaires de la Colombie-Britannique, Terry Fox, Rick Hansen et Steve Fonyo, qui ont parcouru le pays afin de recueillir des fonds, mais ils ne savent rien de ces gens qui, au beau temps, se lancent sur la route, pour la gloire, dans un but philanthropique ou simplement pour l'aventure.

Un jeune homme de 27 ans a traversé le Canada en monocycle et un homme de Sidney a poussé, à 68 ans, une brouette de Victoria à Ottawa afin d'amasser des fonds pour la construction d'un foyer pour personnes âgées et handicapés mentaux. Une femme de Coombs, âgée de 56 ans, a parcouru le pays pour aider les aveugles. D'innombrables personnes se sont rendues à Ottawa à bicyclette pour promouvoir la paix et 27 personnes âgées ont pédalé de Victoria à St. John's

juste pour le plaisir. Vivant à l'extrémité du pays, les habitants de la Colombie-Britannique sont parfois attirés par le centre et font tout pour s'y rendre.

Le Relais du flambeau olympique cadre bien avec cette obsession. À Vancouver, l'un des porteurs du flambeau était Rick Hansen, qui a fait le tour du monde en fauteuil roulant. Rick n'a reculé devant rien afin de donner une place aux handicapés dans la société et de faire intégrer leurs disciplines sportives aux Jeux olympiques. Grâce à ses efforts, le ski pour handicapés sera au nombre des sports de démonstration à Calgary. Tout s'enchaîne, les idées deviennent réalité et les événements dépassent parfois les frontières pour aboutir sur les routes du monde. Une de ces routes a mené jusqu'à Calgary.

—*Pete McMartin*

Derik Murray / Peter Murray

I   *Jurgen Vogt*

I—La première cérémonie du soixante-dix-neuvième jour a attiré une foule nombreuse à Jaffray, à l'est de Cranbrook. Le lendemain, le flambeau allait franchir la frontière et entreprendre la dernière portion de son trajet, en Alberta. Chaque jour, les gens trouvaient des façons plus imaginatives de fêter la flamme. Le maire de Kamloops a allumé une bougie à même le flambeau et s'en est servi pour allumer la veilleuse de son appareil de chauffage, le soixante-douzième jour.

II—Rhonda Lynn Szulc, 29 ans, a eu le double honneur de porter le flambeau et d'assister à l'allumage de la flamme, en Grèce. Elle a été emballée de faire ce voyage, tout comme elle a été heureuse de porter le flambeau à Peachland, surtout lorsque son mari et sa fille de un an l'ont rejointe sur la scène. Sa fille a même touché le flambeau. Rhonda a ensuite partagé son expérience avec divers groupes dans des écoles.

III,IV—Certaines personnes se sont embrassées, d'autres ont pleuré, crié, ri, cherché à toucher le flambeau, applaudi ou chanté. La flamme olympique a ému le pays tout entier.

II   *Frank Vena*

III *William DeKay*

IV *William DeKay*

L'HEURE DE GLOIRE APPROCHE
Alberta, jours 80 à 88

Frank Vena

Les Albertains avaient attendu pendant sept ans le moment où la flamme sacrée serait captée du ciel d'Olympie. Bien plus qu'un simple symbole, c'était le flambeau, puissant et chaleureux, qui était en route vers Calgary, ville d'accueil des Jeux olympiques.

Dès le début, l'engagement des Albertains envers la flamme avait été profond. Ils avaient déposé des centaines de milliers de demandes de participation aux stations-service de Petro-Canada. Au moins un habitant de Calgary allait être au nombre des porteurs du flambeau 54 jours sur 88.

Avant même que la logistique du Relais n'ait été arrêtée, les citoyens de Fort Vermilion, au nord d'Edmonton, avaient eu vent des plans. Leur ville ne serait pas sur le parcours du Relais. Tenaces, ils ont fait des pressions auprès des organisateurs, leur demandant de réévaluer leur décision car 1988 marquerait les deux cents ans de leur collectivité. Finalement, Fort Vermilion a eu son rendez-vous avec la flamme.

Dans une autre ville de l'Alberta, on a aussi fait preuve de l'esprit olympique. À Airdrie, dernier arrêt avant Calgary, les citoyens ont offert l'hospitalité aux membres de la caravane en apprenant que leurs réservations avaient été annulées, une semaine avant le début du Relais.

L'enthousiasme a atteint son paroxysme lorsque la flamme est parvenue au col du Nid-de-Corbeau et qu'elle a franchi la frontière de l'Alberta. Des spectateurs, pour la plupart de Calgary, s'étaient entassés dans des voitures. Ils avaient parcouru 200 km et envahi des villes comme Brocker et Coleman pour acclamer la flamme dans la dernière partie de son trajet.

Pour les Albertains, les Jeux olympiques ont commencé le 15 novembre à Athènes, lorsque la flamme a été confiée au Canada. Même s'ils ont partagé la flamme avec tous les Canadiens, ils étaient convaincus qu'après sept ans d'attente et une odyssée de trois mois, elle était enfin chez elle, à Calgary.

—Tom Keyser

William DeKay

I *William DeKay*

II *William DeKay*

V *William DeKay*

204

III *Paul Little*

IV *Paul Little*

La caravane a poursuivi sa route dans les régions agricoles du sud de l'Alberta avant d'atteindre Calgary. D'abord royaume des bisons, ces prairies sont devenues l'endroit idéal pour l'élevage du bétail, et de vastes ranchs y ont fait leur apparition. De nos jours, on y cultive divers produits.

I—Scott Holtman, 15 ans, seconde son père au Shoe String Ranch, près de Taber. Scott a renoncé à porter le flambeau parce qu'il devait courir en Saskatchewan où il lui était impossible de se rendre. Il a toutefois assisté à la cérémonie à Taber.

II—Troy Thieman, nº 17, et ses amis dans la cabane de la patinoire de Medicine Hat. Troy, 16 ans, a porté le flambeau le soixante-treizième jour.

III—Raymond Crosschild (à droite) avec Marvin Yellow Horn, son instructeur de basket-ball. Raymond a été le dernier à porter le flambeau le quatre-vingtième jour, à Brocket.

IV—En 1969, lorsque Wally Bertrand et sa femme Audry ont lancé Le Poulet Poultry Farm, ils ne se doutaient pas que leur petite exploitation avicole deviendrait la plus florissante du sud-est de l'Alberta. Wally, 52 ans, a confié, après avoir porté le flambeau : << Je n'avais pas été aussi énervé depuis le jour de mon mariage ! >>

V—Michael Cowley donne du foin à ses vaches. Son ranch est situé près de Twin Butte, dans l'une des plus belles régions de l'Alberta, avec les Rocheuses en arrière-plan. Michael est très actif au sein de sa collectivité et aime beaucoup les sports. Il a porté le flambeau pour prouver que << les cowboys aussi savent courir ! >>

I *William DeKay*

Après avoir traversé le sud de l'Alberta, le flambeau a parcouru le Nord en avion, s'arrêtant à Medicine Hat, à Lloydminster et à Fort McMurray le quatre-vingt-quatrième jour, puis à Fort Vermilion, à Grande-Prairie et à Namao, le lendemain.

I—Les sept membres de la famille Gillespie de Calgary ont porté le flambeau les soixante-seizième et quatre-vingtième jours. Ce n'était pas que du hasard : Marilynne Heasman et John Gillespie, qui devaient se marier sous peu, avaient décidé de présenter, en famille, le plus de demandes possible. David Gillespie, 14 ans, a écrit : << Un soir, nous nous sommes arrêtés à dix stations-service en 45 minutes. >>

II—Fort Vermilion est la petite collectivité de 1 000 habitants qui a réussi à faire dévier le Relais de son trajet initial. On a mis deux ans à planifier la venue du flambeau, et la fête a été réussie. Plus de la moitié de la population a accueilli la flamme sur une scène de neige longue de 12 mètres et construite à la pelle. Lorsque le mercure est descendu à 47 ° C sous zéro et que les autobus ont cessé de rouler, il a fallu renoncer à faire venir les 2 000 écoliers des environs. Malgré tout, la joie régnait.

III—À Lloydminster, Rae Fountaine a participé au Relais d'une façon spéciale, le quatre-vingt-quatrième jour.

IV—Elsa Hon salue le passage de la flamme à Fort McMurray où bureaux, écoles et banques ont fermé pour l'occasion.

II *Paul Little*

III *Paul Little*

IV *Paul Little*

II *Larry Goldstein*

III *Larry Goldstein*

IV *Tom Skudra*

I—Chaque semaine, Marian et Jerry Bayrak vont danser le quadrille avec les Alberta Rhythm Cloggers à Edmonton. Jerry a porté le flambeau près de St-Albert le quatre-vingt-sixième jour.

II—Hidy et Howdy, mascottes officielles des Jeux Olympiques, ont semé la joie sur leur passage.

III—Jim Hunter, 34 ans, allait bientôt mettre un terme à un long voyage. Après avoir animé des centaines de cérémonies dans tout le pays, à toute heure du jour et par tous les temps, il était à moins de 150 km de son but. Il a déclaré : << C'est comme faire partie d'une troupe de Broadway qui aurait remporté un succès retentissant. >>

IV—Le plus vieux porteur du flambeau, Joseph Chase, de Calgary, a eu 101 ans le jour de sa participation au Relais à Edmonton. Joseph a pris sa retraite à trois reprises : à 62 ans, d'une société de gaz naturel, à 70 ans, de la Défense nationale, et à 75 ans, de General Supplies. Le secret du bonheur, selon Joseph, est de toujours aller de l'avant sans jamais regarder en arrière.

I   *Jean Becq/Andrew Bako*

II   *Patrick Morrow*

I—Ron Gibbar, George Henson, Ed Kormyl et Dick Hiebert, sur la Tour de Calgary, à 180 mètres du sol, tiennent le flambeau qu'ils ont fabriqué pour le Relais. Ils ont affronté un froid de 50 °C sous zéro, avec l'équipe Bako/Becq, pour cette photo exceptionnelle.

II—Brad Robinson, 28 ans, descend le long de la chute gelée du mont Cascade, à Banff. Ce géophysicien a travaillé bénévolement aux Jeux d'hiver et porté le flambeau le quatre-vingt-huitième jour.

III—Douglas Hoffman, 36 ans, a envoyé plus de 7 500 demandes de participation. Les coureurs ont utilisé des objets originaux pour s'entraîner : marteaux, fers à repasser, clés anglaises et même << flambeaux de pierre >>, comme dans le cas de Douglas.

IV—Dave Irwin, champion de la Coupe du monde, à Banff. Quatre << Crazy Canucks >>, Jim Hunter, Steve Podborski, Dave Irwin et Ken Read, ont porté le flambeau le quatre-vingt-troisième jour.

III   *Tom Skudra*

IV   *Tom Skudra*

Calgary, jour 88

Larry Goldstein

Le flambeau a réchauffé les coeurs…

À l'hiver 1987-1988, 7 000 Canadiens ont porté le flambeau jusqu'à Calgary. Ils ont couru, marché ou même voyagé en traîneau à chiens. Certains se sont arrêtés pour allumer les bougies des spectateurs témoins de leur exploit. Certains encore se sont attardés, savourant ce moment unique, et d'autres ont hâté le pas dans le froid. Tous ont été, pendant six ou sept minutes, le temps de parcourir leur kilomètre, envahis par l'esprit de la flamme olympique.

—*Michael Farber*

Larry Goldstein

Paul Little

Enfin, le flambeau était chez lui. Son odyssée au Canada avait commencé le 17 novembre 1987 et pris fin à Calgary le 13 février 1988. Pour l'accueillir de façon triomphale, plus de 200 000 personnes s'étaient massées dans les rues et 60 000 autres attendaient au stade McMahon. Deux milliards de téléspectateurs ont vu l'événement dans le monde entier. Avant l'arrivée de la flamme, 88 porteurs du flambeau, soit un pour chaque jour du Relais, se sont joints aux cérémonies d'ouverture. La flamme a été portée dans le stade par Ken Read, champion de la Coupe du monde de ski, et par Cathy Priestner, médaillée d'argent en patinage de vitesse aux Jeux olympiques, tous deux de Calgary. Ils ont fait le tour du stade, se sont arrêtés pour saluer Rick Hansen, puis, à la surprise générale, ont remis le flambeau à la petite Robyn

Paul Little

Perry, âgée de 12 ans; celle-ci allait mettre un terme à ce long périple.

Robyn a gravi les marches dans un élan de joie. Pour atteindre l'immense vasque, elle a dû tendre le bras au maximum. Pendant un instant, il a semblé qu'elle n'y arriverait jamais. Soudain, un grondement sourd a résonné dans le stade tout entier et la vasque s'est embrasée. La foule debout a acclamé la flamme. Par ce simple geste, cette flamme qui avait ému les Canadiens était léguée aux générations futures.

L'allumage de la vasque représente l'union des Jeux anciens aux Jeux modernes. Pour les Canadiens, hôtes des XVes Jeux Olympiques d'hiver, ce geste a un sens plus profond : au cours de sa traversée du pays, le flambeau a éveillé un sentiment d'appartenance qui, en ce samedi de février, s'est associé à l'esprit olympique.

Hans Deryk

LES ARTISANS DE <<FÊTONS LA FLAMME>>

Cherchons hommes pour expédition dangereuse. Salaire peu élevé,
froid intense, longs mois d'obscurité complète, danger constant,
retour incertain. Honneur et gloire en cas de réussite.

À l'été 1987, Derik Murray et Marthe Love ne pouvaient s'empêcher de penser à la célèbre annonce qu'Ernest Shackleton avait publiée dans les journaux de Londres en 1900. Il cherchait des gens aventureux pour l'accompagner dans le désert de glace de l'Antarctique. Derik et Marthe, et leur associé Michael Burch, organisaient une expédition qui suivrait le Relais du flambeau olympique le long des routes du Canada. Sans aucun doute, il ferait froid, et même très froid, lorsque le Relais se rendrait dans le Grand Nord et il ferait noir durant de longues heures. De plus, l'épuisement guetterait les membres de l'équipe qui devraient travailler de sept heures le matin jusqu'à minuit, sept jours par semaine, pendant plus de douze semaines. S'ils réussissaient à lancer ce livre avant la

Grant Black, photographe itinérant

fin des Jeux olympiques, ils auraient établi des records dans le monde de l'édition au Canada et immortalisé un événement qui a captivé le pays tout entier.

En effet, la tâche s'est avérée ardue et la fin a semblé parfois lointaine. Grippe et fièvre ont accablé les quatre membres permanents de l'équipe itinérante, qui ont à peine eu le temps de s'arrêter pour certains événements importants de leur vie. À Vancouver, 18 personnes travaillaient le jour, la nuit et les fins de semaine pour respecter des échéances serrées et créer le livre à partir des photos et des textes reçus. Si le projet *Fêtons la flamme* a mobilisé beaucoup d'énergie, il n'a cependant jamais laissé place à l'ennui.

Derik et Marthe ont fondé Murray/Love Productions

à Vancouver en 1985 et se sont récemment associés à Michael Burch, propriétaire et fondateur de Whitecap Books de North Vancouver, pour certains projets. Ensemble, ils ont contacté Petro-Canada, commanditaire du Relais, vers la fin de 1986. Les trois associés avaient à leur actif d'impressionnantes réalisations; ils ont en effet publié le livre-souvenir d'Expo 1986, *The Expo Celebration*, dont il s'est vendu un nombre record de 140 000 exemplaires. Derik, photographe reconnu, a gagné de nombreux prix et réalisé des messages télévisés; il était donc le directeur de la création idéal. Marthe, de son côté, est une coordonnatrice de projets chevronnée. La production du livre *The Expo Celebration* et la mise sur pied de la série d'ateliers *Exposure*, à l'intention des photographes de l'ouest du Canada, démontrent bien ses talents d'organisatrice. Michael, quant à lui, est un as de la commercialisation. Sous sa direction, Whitecap Books est devenue l'une des plus importantes maisons d'édition d'ouvrages photographiques au Canada.

Lorsque Bill Simpkins, directeur des affaires publiques, région du Centre, à Petro-Canada, a donné son approbation en mai 1987, Derik et Marthe n'avaient plus que cinq mois et demi pour préparer l'expédition. Marthe a assisté aux réunions sur l'organisation du Relais à Petro-Canada. Elle savait donc exactement comment planifier le travail de l'équipe sur la route. Les frais s'additionnant sans cesse, Derik et Michael ont cherché des commanditaires qui fourniraient les films et le développement, le transport

Marthe Love, Derik Murray

Alan Hobson

Marthe Love, Bill Simpkins

Peter Murray

aérien, les ordinateurs, les émetteurs-récepteurs et les téléphones cellulaires, une maison motorisée, un photocopieur et des télécopieurs, un véhicule à quatre roues motrices, des vêtements d'hiver, ainsi que des services de messagerie et qui, en plus, supporteraient les frais d'interurbain et de télécopie.

Pendant l'été et l'automne, Derik et Marthe ont choisi leur personnel-clé. Ils pouvaient compter sur David Counsell, qui avait dirigé la production de leurs ouvrages précédents et qui superviserait le travail pour *Fêtons la flamme* jusqu'à l'impression. Frank Vena viendrait en aide à l'équipe itinérante. Brian Daisley coderait les diapositives et répondrait aux demandes de photos des commanditaires et des magazines. Marthe dirigerait l'équipe itinérante, secondée par Andreanne Ricard. Peter Murray, jeune frère de Derik, pilote d'hélicoptère et génie de la mécanique, serait le coordonnateur technique. Il conduirait la maison motorisée et veillerait au bon fonctionnement de tout le matériel. Alan Hobson, journaliste bilingue et personnalité de la radio de Calgary, spécialiste du sport amateur et champion de gymnastique à neuf reprises, serait l'auteur. Chris Dahl, directeur artistique de magazines, reconnu dans le monde entier et ayant remporté de nombreux prix, se chargerait de la conception du livre. Elaine Jones, de Whitecap Books, occuperait le poste de rédactrice.

Marthe, de son coté, mettait au point tous les détails pour le travail de l'équipe itinérante depuis la maison motorisée; il lui fallait également veiller à l'hébergement et aux repas de toute l'équipe dans un hôtel différent chaque soir. Pendant un mois complet, la recherchiste Debra Hlywka s'est occupée des

Suzanne Robidoux

David Counsell, Derik Murray

réservations d'hôtel, ce qui n'était pas facile dans les petites villes où Petro-Canada avait déjà retenu des chambres pour les 80 membres de son équipe. Scott Wanless, quant à lui, a dû choisir les points de cueillette et de livraison pour les services de messagerie.

Parallèlement, Marthe et Derik ont dressé la liste des photographes qu'ils connaissaient et de ceux dont le travail avait paru dans les meilleurs ouvrages. Des 85 candidats retenus, ils en ont choisi 63, répartissant leurs tâches comme suit : 18 photographes itinérants suivaient l'équipe sur la route deux à la fois, pendant huit à douze jours, et 45 photographes régionaux travailleraient près de chez eux. Ils ont confié à cinq photographes régionaux des mandats spéciaux qui les mèneraient en Grèce et dans diverses régions du pays.

Les photos des porteurs du flambeau à la maison ou au travail devant constituer une partie importante du livre, Alan, Elaine, Derik et Marthe ont lu les biographies des 7 000 coureurs et ont dressé la liste de ceux dont l'histoire était intéressante ou qui semblaient représentatifs de leur région. Les recherchistes Lauren Hamilton, Paris Forrer, Betty Murray et Joelle Da Cunha ont ensuite téléphoné à chacune des personnes retenues afin de recueillir plus de renseignements et de fixer des rendez-vous pour les séances de photos. Chaque semaine, les données sur les coureurs et les suggestions de Derik étaient télécopiés à Marthe et à son équipe.

Craignant que les photos du Relais ne représentent qu'une suite de routes grises bordées d'arbres dénudés, Derik, Marthe et Michael ont organisé un remue-méninges de quatre jours à Banff pour revoir l'itinéraire. Ils ont ainsi pu rédiger un document de 40 pages sur les villes et les

David Counsell, Derik Murray

Brian Daisley, Scott Wanless

Andreanne et Frank Vena

paysages intéressants du pays.

Le 17 novembre, journée de l'allumage du flambeau, les membres de l'équipe de *Fêtons la flamme*, en poste à Signal Hill, à Terre-Neuve, se demandaient s'ils avaient bien planifié l'opération. Alan se rappelle avoir trouvé les débuts très difficiles : << Nous devions nous familiariser avec l'organisation du Relais et un système de production qui n'avait jamais été testé. >> Il suivait la caravane ou partait avec l'un des photographes itinérants afin de rédiger des histoires sur la vie des porteurs du flambeau. Au moyen d'un ordinateur portatif, il a écrit 1 000 histoires pour lesquelles il a interviewé environ 800 personnes.

Andreanne transcrivait les notes des photographes et documentait leur travail, envoyait les films Kodachrome à Toronto et Ektachrome à Vancouver, veillait à la remise des colis aux messagers le long de la route et télécopiait les renseignements sur les photos et les textes d'Alan à Vancouver.

Marthe, vêtue d'un anorak, de gants épais et d'énormes bottes qui lui donnaient l'allure de Bibendum Michelin, supervisait le travail des photographes aux cérémonies, aux endroits stratégiques et même dans le véhicule des médias. Elle avait sur elle deux talkies-walkies afin de communiquer avec Peter et les responsables du Relais. Parfois, elle roulait à bord de la maison motorisée, à l'affût de paysages pittoresques. Elle ne se séparait jamais de son appareil Nikon et a pris plusieurs photos qui figurent dans le livre.

À la mi-décembre, les membres de l'équipe se sont rendu compte qu'ils devaient changer de rythme pour tenir le coup jusqu'à la fin. Les vacances de Noël apportèrent avec elles grippe et mal du pays et, pour

Chris Dahl

Alan, la douleur de perdre un neveu de cinq ans, décédé le 20 décembre. Par contre, des événements plus heureux allaient marquer le reste de la période des fêtes : le 25 décembre, Michael a annoncé ses fiançailles et la veille du jour de l'an, Andreanne et Frank se sont mariés à Ruthven, en Ontario. Andreanne portait une robe choisie par Frank car elle n'avait pu faire cet achat. Puis, au début de l'année, en Colombie-Britannique, Derik a réuni 20 amis à Lac La Jeune afin de surprendre Marthe pour son anniversaire.

À Vancouver, Scott et Brian, adjoints à la production, ont codé plus de 110 000 photographies. Derik, aidé de Chris, choisissait ensuite les photos qui conviendraient pour les pages créées par ce dernier. Elaine résumait les 1 300 pages de texte qu'Alan lui avait envoyées. Berni Hastings faisait la mise en page des textes anglais et français, sur un système d'édition personnelle. Une équipe de traductrices de Montréal, Ornella Caprioli, Christine Frédérick, Micheline Jacob et Diane Ranger, sous la direction de Suzanne Robidoux, adaptait le texte en français. David coordonnait la production le jour et vérifiait les travaux d'impression à toute heure du jour ou de la nuit. Pendant ce temps, Michael mettait au point la campagne de distribution avec son associé Nick Rundall en poste à Toronto; celui-ci a porté le flambeau à Noël, le trente-neuvième jour. Le premier cahier a été mis sous presse au début de janvier et les autres allaient suivre sans interruption jusqu'à la fin de février. Pour le personnel de Vancouver, les heures de sommeil étaient rares. On mangeait sur place et travaillait jusque tard dans la nuit. Chaque jour, des photos et des textes arrivaient, des pages étaient conçues, des épreuves corrigées et des sections du livre imprimées. Toutefois, chaque nouvel arrivage de photos et de textes atténuait la tension créée par les échéances serrées.

Autre première au Canada : 175 000 exemplaires du livre ont été imprimés simultanément à Vancouver et à Altona, au Manitoba. Les premiers livres étaient entre les mains des lecteurs seulement onze jours après l'arrivée de la flamme olympique à Calgary, le 13 février 1988, soit quatre jours avant la fin des XVes Jeux Olympiques d'hiver.

C'est ainsi que cette aventure périlleuse est devenue un succès retentissant...

—*Audrey Grescoe*

Berni Hastings, Elaine Jones

Paris Forrer, Lauren Hamilton

Nick Rundall

Michael Burch

PHOTOGRAPHES ITINÉRANTS

Du 17 novembre 1987 au 13 février 1988, dix-huit des meilleurs photographes du Canada ont bravé les rigueurs de l'hiver et travaillé de longues heures dans des conditions difficiles pour tracer le portrait de cette nation et nous le transmettre de façon remarquable.

AL HARVEY
Ce passionné de la photo n'attend rien d'autre de la vie qu'une provision illimitée de films et cinq repas copieux par jour. Lorsqu'il en a le temps, il travaille à son entreprise << Slide Farm >> .

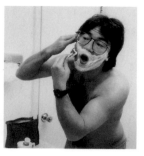

ANDREW STAWICKI
D'origine polonaise, Andrew a gagné le World Press Photo Award en 1974. Il a collaboré depuis à cinq livres *Une journée dans la vie* … (Canada, États-Unis, Japon, U.R.S.S. et Espagne).

ALBERT NORMANDIN
De la course automobile à la photographie et aux arts graphiques, ce Vancouverois s'est rendu à New York pour réaliser ses rêves. Il y a travaillé avec Jay Maisel, avant de revenir ici en 1985.

TIBOR BOGNAR
Après 12 ans comme batteur de jazz-rock, Tibor est devenu photographe en 1980. Représenté par des agences du monde entier, il est l'un des photographes d'extérieur les plus réputés de Montréal.

STEPHEN HOMER
Stephen a quitté sa ville natale de Woodstock (N.-B.) pour devenir un grand photographe. En 1987, il a remporté deux prix pour son travail de photo-reporter. Il est établi à Montréal.

MICHEL GRAVEL
Michel, 52 ans, est l'un des grands noms de la photo journalistique au pays depuis 30 ans. On peut voir ses photographies dans *La Presse*, *Le Devoir*, *The Gazette* et le *Toronto Star*.

COLIN PRICE
Traverser le Canada n'a rien de nouveau pour Colin. Ancien photographe attitré de Robert Stanfield, il a déjà effectué ce trajet sept fois en sept semaines. Il habite actuellement Vancouver.

DAVID SEDMAN
Les millions de personnes qui ont vu << On est chez nous >> au Pavillon du Canada à Expo 86 ont eu un aperçu du travail de David. Pigiste depuis 15 ans, il a parcouru tout le Canada.

JIM ELZINGA
Lorsqu'il ne s'occupe pas de placements, Jim fait de la photo ou de l'alpinisme quelque part dans le monde. Il a conduit avec succès l'expédition Everest Light en 1986.

GREG STOTT
Photographe, auteur et cinéaste, ce Torontois a confié : << Cette aventure a renforcé mon affection pour les Canadiens. Nous sommes pleins d'entrain, remplis d'une fierté insoupçonnée. >>

GRANT BLACK
Grant, 30 ans, est diplômé en journalisme du Loyalist College de Belleville (Ont.) et a collaboré à *Une journée dans la vie*… Il a gagné neuf prix en neuf ans avec le *Windsor Star*.

TOM SKUDRA
Tom a collaboré à trois livres *Une journée dans la vie*… (Canada, Japon et États-Unis). Son travail lui a valu un grand nombre de prix. Il habite actuellement Toronto.

BRIAN MILNE
Connu pour son livre *Trans-Canada Country*, Brian a passé 18 mois à observer les gens le long de la Transcanadienne, ce qui lui a valu d'agir à titre de conseiller pour ce livre.

KHAREN HILL
Kharen a travaillé en Asie et en Europe, mais aujourd'hui, elle se sent chez elle à Vancouver. Elle a succombé au climat de la Colombie-Britannique et y a ouvert un studio.

WILLIAM DEKAY
Né à London, en Ontario, William a étudié au Ryerson Institute. Ce photographe de 25 ans a collaboré à *Une journée dans la vie*… (Canada et États-Unis). Il travaille pour un journal de Detroit.

JURGEN VOGT
Né à Berlin, Jurgen est arrivé au Canada en 1952. Il a débuté au *Time* dans les années 1970. Il travaille surtout auprès de grandes entreprises et est représenté par Image Bank.

PAUL LITTLE
Parti de l'Angleterre en 1971, Paul a vite été reconnu dans le monde du journalisme, des entreprises et de l'audio-visuel. Ses photos paraissent partout dans le monde.

LARRY GOLDSTEIN
Même s'il n'est pas méchant, Larry aime bien croquer les gens sur le vif. Il est photographe commercial depuis cinq ans et son travail est reconnu auprès des journaux et des entreprises.

PHOTOGRAPHES RÉGIONAUX

Les meilleurs photographes du Canada ont jeté un regard profond et rempli de tendresse sur ce vaste pays et son peuple aux origines multiples. Ils nous ont fait comprendre leur région et ont saisi l'âme de cette nation et le sens de cet événement. Des mandats spéciaux ont été confiés à cinq photographes régionaux : Jim Wiley s'est rendu en Grèce, Eric Hayes à St. John's, Gary Fiegehen à Inuvik et à Yellowknife, Perry Zavitz à Whitehorse et John Douglas Kenny à Prince-George et à Fort St. John.

ERIC HAYES
Nouvelle-Écosse
Eric, qui travaille à sa maison solaire en Nouvelle-Écosse (où il lui a fallu cinq ans pour avoir une ligne téléphonique privée), est un photo-reporter connu dans le monde entier.

ALBERT LEE
Nouvelle-Écosse
Albert racontera les 30 000 milles parcourus en autobus, en bateau, en avion, en taxi, en tracteur et en pousse-pousse dans son livre sur la Chine. Il est représenté par Canapress de Toronto.

MICHAEL CREAGEN
Nouvelle-Écosse
Ce photo-reporter de Halifax a été cuisinier et cinéaste et a travaillé dans la ferraille. Il a remporté deux Prix d'excellence de La Presse Canadienne et le Prix International de Nikon en 1986-1987.

JAMES WILSON
Nouveau-Brunswick
James fait de la photo depuis 15 ans. Ses oeuvres font partie de la collection de l'Office national du film ainsi que de la Banque d'oeuvres d'art du Nouveau-Brunswick.

ARNE GLASSBOURG
Québec
Arne, qui affirme avoir été à la dure école de la vie, a commencé à faire de la photographie vers 1979. Aujourd'hui, il fait du théâtre, enseigne et est photographe à Montréal.

ANNA BEAUDRY
Ontario
La preuve qu'Ottawa est une jungle, Anna passe le plus clair de son temps à croquer des dames affublées de boas, allongées sur des peaux de fauve. Elle fait aussi des couvertures de magazines.

JOHN DE VISSER
Ontario
John travaille pour divers magazines et s'est chargé de la photographie pour plusieurs livres, notamment *Rivers of Canada*, de Hugh MacLennan. Il habite Port Hope, en Ontario.

SHERMAN HINES
Ontario
Diplômé du Brooks Institute de Californie, ce Néo-Écossais a produit une série de livres sur l'art canadien au cours des douze dernières années. Il est représenté par Masterfile.

JOHN REEVES
Ontario
De Pierre Trudeau à Tatum O'Neill, des rapports annuels à l'art inuit, les sujets de John sont aussi étonnants que lui. Il est aussi rédacteur et animateur à la télévision et à la radio, à Toronto.

BORIS SPREMO
Ontario
Depuis le début de sa carrière en 1962, Boris a remporté plus de 200 prix nationaux et internationaux. Il a couvert la sécheresse en Éthiopie, la guerre au Viêt-Nam et l'amour, ici au pays.

GEORGE GOODERHAM
Ontario
Diplômé de l'Université York, George est photographe depuis 12 ans. Sa méthode, qui fait appel à plusieurs techniques, donne à son travail une allure tout à fait personnelle.

OTTMAR BIERWAGEN
Ontario
On peut voir les photos d'Ottmar régulièrement dans les plus prestigieux magazines du monde. Il est représenté par Miller Services de Toronto et Black Star de New York.

PETER SIBBALD
Ontario
Pigiste depuis 1983, Peter fait de la photo pour les journaux et les entreprises, des deux côtés de la frontière. Il a étudié à l'Université de Syracuse dans l'état de New York.

EDWARD GAJDEL
Ontario
Edward, 30 ans, a quitté la Pologne à l'âge de 9 ans. Il a étudié l'histoire de l'art à l'Université de Calgary et la photographie au Northern Alberta Institute of Technology.

JAMES WILEY
Ontario
James collaborera à un livre sur les Jeux Olympiques de 1988 à Calgary. Il a couvert les Jeux olympiques d'hiver de 1984, les Jeux mondiaux universitaires et les Jeux panaméricains.

ART TURNER
Manitoba
Art a remporté un Sam Award en 1986. Il demeure et travaille à Winnipeg. Il remercie Leica Canada de << la tonne de matériel >> qu'elle lui a fourni pour ce projet.

DAWN GOSS
Manitoba
Dawn, auteure et photographe, s'intéresse à une foule de choses, notamment aux chiens d'aveugles. Certaines de ses photographies seront exposées au Pavillon du Canada à Expo 88.

DOUGLAS E. WALKER
Saskatchewan
Même s'il a un studio à Regina, Douglas voyage de l'Arctique à la mer des Caraïbes. Ses oeuvres, connues dans le monde entier, sont vendues par Masterfile de Toronto.

TODD KOROL
Saskatchewan
Âgé de 22 ans, Todd débute à peine dans la profession. Il travaille actuellement pour un quotidien de Saskatoon et est membre de First Light Associated Photographers de Toronto.

ALEX WATERHOUSE-HAYWARD
Colombie-Britannique
Né à Buenos Aires en 1942, Alex a découvert son goût pour les << portraits >> vers l'âge de 32 ans. Il apaise ses rages de paysages en achetant des cartes postales.

ALAN ZENUK
Colombie-Britannique
Alan partage son temps entre Vancouver et Tokyo et son travail l'amène à voyager beaucoup. En 1986 et en 1987, il a remporté le premier prix de l'Exposition des rapports annuels du Japon.

JOHN DOUGLAS KENNY
Colombie-Britannique
Originaire de Vancouver, John, photographe de mode, se sent tout aussi chez lui à Los Angeles et à New York qu'à Paris. Il est diplômé du Art Center de Los Angeles et a travaillé avec Irving Penn.

GUNTER MARX
Colombie-Britannique
Établi à Vancouver, Gunter s'est fait connaître comme l'un des collaborateurs du livre *The Expo Celebration* et l'un des deux photographes du livre *The Forests of British Columbia*.

HEATHER DEAN
Colombie-Britannique
Heather aime bien photographier les gens et travailler en extérieur, surtout près de Vancouver. Son travail a paru dans des publications locales et nationales au cours des sept dernières années.

PERRY ZAVITZ
Colombie-Britannique
Perry, qui a eu une enfance paisible près de London, en Ontario, a été complètement transformé par ses études en photographie. Il est photographe publicitaire à Vancouver.

GARY FIEGEHEN
Colombie-Britannique
Établi à Vancouver, Gary, qui est pigiste, termine actuellement un livre sur la rivière Stikine, l'une des dernières grandes rivières non endiguées en Amérique du Nord.

MARTHE LOVE
Colombie-Britannique
Marthe, coordonnatrice du projet, remercie les photographes itinérants de l'avoir aidée à parfaire sa technique. Selon elle, les photos qu'elle a prises pour ce livre sont le résultat d'un travail d'équipe.

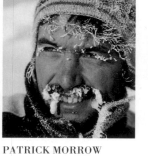

PATRICK MORROW
Alberta
Aventurier, Patrick a relevé presque tous les défis. Au cours des 15 dernières années, il a escaladé les plus hautes montagnes de tous les continents et a été décoré de l'Ordre du Canada en 1987.

JEAN BECQ/ANDREW BAKO *Alberta*
Ces deux photographes dynamiques sont établis à Calgary mais travaillent partout dans le monde pour des entreprises et des agences de publicité. Ils sont les associés de Bako/Becq Inc.

Fêtons la Flamme tient à remercier les photographes suivants de leur participation à ce projet : Susan Brun, *Alberta*; Derek Caron, *Québec*; Hans Deryk, *Ontario*; Ed Gifford, *Colombie-Britannique*; Warren Gordon, *Nouvelle-Écosse*; Pat et Rosemarie Keough, *Ontario*; Ric Kokotovich, *Alberta*; William P. McElligott, *Ontario*; Louise Oligny, *Québec*; Bill Simpkins, *Ontario*; Hans Sipma, *Colombie-Britannique*; Darryl Snaychuk, *Alberta*; Norm Stelfox, *Colombie-Britannique*; Nedy Vani, *Ontario*; Frank Vena, *Colombie-Britannique*; Mark Vitaris, *Alberta*; Paul Von Baich, *Ontario*; Roland Weber, *Québec*.

REMERCIEMENTS

ÉDITEURS
Derik Murray - *Producteur et directeur de la création*
Marthe Love - *Directrice des activités et coordonnatrice du projet*
Michael Burch - *Directeur de la commercialisation et de la distribution*

BUREAU DE PRODUCTION DE VANCOUVER
Derik Murray - *Producteur et directeur de la création*
Chris Dahl - *Directeur artistique et concepteur*
Elaine Jones - *Rédactrice*
David Counsell - *Directeur de la production*
Berni Hasting - *Responsable de la mise en page*
Lauren Hamilton - *Recherchiste*
Paris Forrer - *Recherchiste*
Scott Wanless - *Adjoint à la production*
Brian Daisley - *Adjoint à la production*
Dana Ervin - *Contrôleur*
Cathie MacDonald - *Secrétaire de direction*
Wendy Darling - *Secrétaire-réceptionniste*
Betty Murray - *Recherchiste adjointe*
Paul Wylie - *Recherchiste adjoint*
Joelle Da Cunha - *Recherchiste adjointe*
Judy Rudin - *Consultante en commercialisation*
Scott Mitchell - *Recherchiste adjoint*
Deborah Hlywka - *Coordonnatrice adjointe*
Don Gee - *Comptable*
Alfred Field - *Conseiller juridique*

ÉQUIPE ITINÉRANTE
Marthe Love - *Directrice des activités et coordonnatrice du projet*
Alan Hobson - *Interviewer et auteur*
Adreanne Vena - *Coordonnatrice adjointe*
Peter Murray - *Coordonnateur technique*
Frank Vena - *Coordonnateur adjoint*
Len Townsend - *Coordonnateur technique adjoint*
Randy Musgrave - *Coordonnateur technique adjoint*

WHITECAP BOOKS
Michael Burch - *Directeur de la commercialisation et de la distribution*
Colleen MacMillan - *Coordonnatrice auprès des entreprises*
Cathy Dungate - *Adjointe à la direction*
Nick Rundall - *Directeur des ventes au détail*
Jim Campbell - *Préposé, ventes aux associations*
Des Cobble - *Préposé, ventes aux associations*
Bert Eisinger - *Analyste fonctionnel*
Barbara Eisinger - *Coordonnatrice, entrée des données*
Frank Claassen - *Comptable*
John Parker - *Préposé, ventes aux associations*
Linda Ostrowalker - *Commis, comptes clients*
Jan McKay - *Commis, expédition et contrôle des stocks*
Laraine Vancaillie - *Réceptionniste*
Alex Vuong - *Coordonnateur, expédition*
Brian Forbes - *Coordonnateur, expédition*

COLLABORATEURS À LA RÉDACTION
Mark Abley
George Bain
Paula Brook
Stevie Cameron
Michael Farber
Dawn Goss
Audrey Grescoe
Sheri Grierson
Elaine Jones
Tom Keyser
Gérald Leblanc
Don Martin
Pete McMartin

TRADUCTRICES
Suzanne Robidoux - *Réviseure*
Diane Ranger - *Traductrice*
Micheline Jacob - *Traductrice*
Ornella Caprioli - *Traductrice*
Christine Frédérick - *Traductrice*

OPÉRATEURS DE TRAITEMENT DE TEXTE - FRANÇAIS
Raynald Robichaud
Linda Renaud

COMMANDITAIRE PRINCIPAL
Petro-Canada Inc.

COMMANDITAIRES
Kodak Canada Inc.
IBM Canada Ltée
Lignes aériennes Canadien International Ltée
Loomis, Service de Courrier Ltée
Xerox Canada Inc.
Motorola Canada
Scamper Canada
Sun Ice
CellNet Canada
General Motors du Canada Ltée

FOURNISSEURS—MATÉRIEL PHOTOGRAPHIQUE
Berkey Photo Canada Ltd.
Lisle-Kelco Inc.
Nikon Canada Inc.
Quad Colour Inc.
Technigraphic Equipment Ltd.

FOURNISSEURS—ÉQUIPE ITINÉRANTE
Alpine Electronics
Best Western International
Onan International
Sealand R.V. Service Products Ltd.
Simson-Maxwell
Sportif Ltd.

Nos sincères remerciements aux personnes suivantes qui ont participé au Relais du flambeau olympique :

Yezmina Abbany
Shelley Alcorn
Caroll-Ann Bainbridge
Mickey Ball
Audra Bayer
Sylvie Bernier
Marlene Binda
Cathy Bone
Jean Bourassa
Judy Brandow
Yves Brouillard
Terri Bullick
Carol Card
Chris Carriere
Yves Champoux
Irène Charlebois
Geoff Chow
Rocco Cianco
Steve Cooney
Gordon Der
Elizabeth Donnelly
René Dupuis
Jim Dyck
Tom Eason

Tom Everett
Pat Farrell
Bob Foulkes
Frank Fournier
Hazel Gillespie
Andy Gouveia
Wolfgang Gregory
Mike Guinard
Salim Hasham
Dave Hocking
Mark Hoffman
Rosanne Hundt
John Hunt
Jim Hunter
Sandy Hunter
Harley Johnson
Frank King
Mike Komisar
Parry LeDrew
Jeff Luesink
Willy Lypko
Keith MacMillan
Bob Mayo
Maryann Meadows
Donna Melnychyn
John Merrifield
Wes Muir
Sheila O'Brien
Tony Pargeter

Lawrence Partington
Bill Pascal
Laura Patrick
Carole Patterson
Marilyn Pelletier
John Percic
Gary Pickles
Claude Plourde
Raymonde Pommier
Brian Purdie
Ford Ralph
Dan Reynolds
Dave Reynolds
Phil Rix
Bill Simpkins
Rene Smith
Terry Steward
Dorothy Tenute
Ron Tharby
Dave Thompson
Hélène Tomlinson
Mike Trenchard
Elizabeth Voyer
Judy Wish
Sam Woodruff
Gene Yackison
Coordonnateurs et consultants de Célébration 88
Coordonnateurs des mascottes et comédiens
Conducteurs du véhicule des médias

Nous tenons en outre à remercier les personnes, entreprises et organismes suivants :

Lance E. Adelvard
Adobe Systems
Agency Press
Aldus Corporation
Don Armstrong
Jim Baglot
Baker Lovick
Bénévoles de la Société canadienne du cancer de Whitehorse, de Prince-George et de Fort St. John
Steward Beresford
Leo Biesche
David Bishop
Bruce Boyd
Mary Bowman
Cap. Sharon Broadbent
Sherann Broder
Peter Burke
Bob Burnett
Jim Burns
Canadian Encyclopedia
Centre Presse Kodak
Diane Cheyney
Paul Clark
Bill Climie
Shawna Crebs
Linda Davis

Dan Dawydiak
David Demers
Mary Jane Devine
Cher Dimen Staite
Isaac Dixon
William Dixon
Carolyne Dobias
Ken Easton
Simon Farrow
Bob Faulkner
Larry Franks
David G. Friesen
D.W. Friesen & Sons
Pam Gardner
Odette G.-Charbonneau
Bob Gillingham
Pam Glass
GRC
Maja Grip
David Grubb
Lars Hansen
Larry Hawthorne
Chris Hollis
Barry Hooper
Geoff Hovey
Dave Hunter
Ed Isaac
Theresa Jacobs
Russell Keziere
Chandler Keeler
Gary Keen
David Lamb

Ted Lea
Jeff Lennard
Steven Leopold
Robb Lucy
Allan MacDougall
George McCarthy
Patricia McFerren
Ev McKee
Cathy McKinley
Tom McNown
Bob McNeil
Darryl McPherson
Brian Marconi
Fleurette Monpetit
Wendy Moriarty
M. Muir
Louise Neal
Rob Neumann
Betty Nicholson
North-West Bindery
Ronald Parker
Ken Penner
Franca Perri
Laura Perry
Bibliothèque publique de Vancouver
Andy Petersons
Jack Philpot
Cliff Pickles
Mark Piercey
Art Pifer
Pola/Graphics

Richard Prokopanko
Andre Quessy
Janis Rempel
Andrew Salvatori
Joe Samulenok
Peter Scarth
Bob Schick
Services de terminologie du Secrétariat d'État
Services de traduction de Petro-Canada
Yvonne Siemens
Vicki Sims
Carol Smith
Charlie Smith
Spar Aérospatiale
Marty Stack
Rod Steele
Hans Strohhacker
Karen Strother
Susan Terris
Wayne Terris
Mike Tette
Ben Theriault
Brad Thompson
Frank Trivieri
William Turnbull
Blair Upton
Diane Walker-Green
Don West
John Wilkie
Danny Wong

Zenith Graphics
June Ziola
Steve Zmetana

Porteurs du flambeau des pages suivantes :
Page couverture : Sylvie Bernier portant le flambeau le quinzième jour, au Québec.
Pages 2 et 3 : Summer L.N. Preney
Page 4 : Graeme Begg et Anita Lammers
Page 5 : Hendrick Plug
Page 10 : Rick Hansen
Page 11 : Katie Alexander
Page 12 : Brenda Lucy

Les photos prises au bureau de production de Vancouver sont de Perry Zavitz.

Les cartes sont de Jorge Veloso.

La photo de la page 74 devrait être attribuée à Tibor Bognar.

Les producteurs de *Fêtons la flamme* tiennent à remercier les 7 500 employés de Petro-Canada qui, grâce à leur dévouement, ont écrit un chapitre émouvant de l'histoire canadienne : le Relais du flambeau olympique.

JENNIFER L PICKARD · SYLVIA B LOVE · LARRY F NELSON · ELIZABETH J MCLAUGHLIN · JAYSON M OLIVER · TIM J SITTLER · DEBRA ANN Y SITTLER · COLIN W TAYLOR · DIANA L TELFER · DARRIN J WHALEY · MARGUERITE A ADAMS · PETER K AFMAN · PATRI
MURPHY · PAUL O DIFONTE · ROBERT H BURBANK · JOHN J CODERRE · ANDREW J DALGLEISH · RONNIE L BURBANK · MELISSA L HARRIS · RONALD O DOUGLAS · RICHARD J GREENFIELD · LINDA HOFFER · DAVID R JONES · CAROL L LEPAGE · DAVI
MCCONNELL · WILLIAM H ROGAN · JOHN F RUPCIC · SCOTT C SHERIN · BRIAN E VAUGHAN · JANICE E AUCKLAND · RANDY C DAWDY · BRENDA V DOWELL · STEVEN V GARVIN · DAVID L JOHNSON · WILLIAM H MAHU · JENNIFER J MORROW · JODY
BROKENSHIRE · JEFFREY L GRAY · BONNIE J HITCHMAN · JEREMY M SNOW · MARION E JONES · DEANNA LEES · MARIE A MERKS · MARTIN L BENETEAU · LINDA E DONKERS · JAMES S PATERSON · LISA B MULDOON · PATSY A MCGILL · STEVE G SABJAN · JANE
SWAIN · STEVEN C SALMONS · LINDA S RUDOVER · ANISSA K GURCHIN · DONALD R GUTOSKI · MARTIN D QUINN · JAMES A TYSON · JOANNE M DALGLEISH · SHAMIM KARMALI · RICHARD D NEWSON · PETER FAUSSETT · MARK HOFFMAN · TONY LILEIKI
PHILIP HUBER · EVELYN GLOVER · KAREN CRICH · JENNIFER ARMSTRONG · JAY MYATT · SANDY ANDERSON · ANNETTE DROOG · RICHARD C BAILEY · **JOUR 44** · GRAHAM J BROWN · JULIE S DEVOS · JORGE D MARZETTI · LOUISE A BEATTY · BRADLEY D BERG
DWAYNE E COTTEL · NELSEY A TONER · GEORGE H DAVIES · KERRI LYNN WESTERIK · PETER M GIELEN · TANIA M ZSOLDOS · KEVIN A JONES · CATHY M MEZENBERG · ROBERT J PATERSON · JOANNA L PURDY · JAMES E REID · BARRIE C THATCHER · IAN
CAMERON · ANNETTE M LE FAIVE · THOMAS A LEFAIVE · ELIZABETH C FOX · WILMER K LACHANCE · JOELLE D GAMMAGE · GARY BEACOM · KARISSA J HENDERSON · TIMOTHY C DEHOEY · DR LAWRENCE MALLOY · JENNIFER L MCMONNIES · JOHN L MORGA
TERRY D SMITH · BRENDAN W SPENCE · GERALD A SWANCE · JAY J VSETULA · GARY J WRIGHT · DERICK W BULLEY · KAREN F CHADWICK · JAMES L COOKE · ERIC LARS LIEDER · SCOTT R BUTLER · GARRY R COWAN · SALLY J DULONG · ROBERTA B DIBBLE
MICHAEL GETTY · KAREN D ROUS · ALAN F ROW · PETER J SECORD · CHRISTINA L THOMPSON · GREGORY R WAITES · MARIANNE E BEAUSEJOUR · BRETT M BLANDFORD · MARGARET T BERNARD · CAREY D CONDRUK · GARY T DOWDELL · KENNET
DUCHARME · JAMES R FORREST · ANDROMEDA S FRANIEL · RALPH G HEPPERLE · SHERI L GRUYAERT · SONIA S IOVINO · TREVOR JANZEN · DWAYNE C ST JOHN · MARY C KAUFMANN · HENRY W LEANEY · CATHY MONCUR · RONALD J MCCONNEL
RICHARD P NEUFELD · DAVE J ORSHINSKY · TYLER J PUDDY · JANICE E RAWLINGS · DIANE M REKO · KISS P STEPHEN · JOANNE SECORD · ROBERT G SUTHERLAND · PATRICIA A SEEWALD · ALEXANDRA M SERADOKA · JACK W SULSTON · ANITA M ZALESI
FORREST K TAVES · MARCIE H DUCHARME · DAVID G WAITES · NANCY HOSTETLER · ANITA BAKKER · DENISE DURST · JEAN H SYLVESTER · PAUL BRENT PETTIPIECE · LORI A SNOBELEN · ROBERT W MESSERVEY · **JOUR 45** · ANNE M GIRARD · MATTHEW
HERON · PATRICIA A TURVILLE · EUGENE K WENDLAND · ANTHONY D CIANFARANI · SONJA M DERIKX · HARRY E DICK · PATRICIA GIELEN · TODD A HALLIDAY · FRANK E HAWKES · DALISA A MCLEAN · JOHN J IATONNA · ANDREA B LABAJ · THOMAS
MAYHEW · EDWARD L MONTGOMERY · CHRIS S PRIMEAU · ROGER J STDENIS · PATRICIA VORKAPICH · LARRY G YOUNG · HEATHER A DOWN · JEFFREY E BALVERT · ROBERT B BORLAND · GRANT A CLARK · DENNIS MARTIN · DAVID B DROUILLARD · KATHR
A JONES · RENE KIELBASA · DENNIS J DUNSMORE · BARBARA J PATTERSON · KELLY JOHNSON · NATHANIEL J BARNES · TERRY ENGLAND · NICOLE A HARRIS · GUY P JEREMSCHUK · DEAN MORGAN · LARRY G REAUME · CHRISTIAN WEINBERG · ALEXAND
ANDRIAN · PAUL A GRUSO · LOUIS J BOMBARDIER · PAUL J BONDY · DAVID N BOWER · DAVID J BOYCOTT · DAVID F CAPE · FRANK G CARDUCCI · JOHN E CHAUSSE · RANDY E NOBES · PHILIPPE L SEGUIN · JOHN W GIFFEN · TONY M ALEXANDER · CHERY
GILLSON · DIANE C HALBGEWACHS · HAROLD A WELLWOOD III · PATRICIA E KANALLY · STEVEN M KOKOTEC · RANALD A LADOUCEUR · DARYLL P LALIBERTY · MARY ANNE M MARR · SEAN M MORIARTY · CATHERINE MORAND · JEFF R MYERS · JOSEPH
O'NEIL · JERRY M PIPER · ERIC A QUERBACH · MICHAEL J REDDAM · FRANK W SCHNEIDER · JACQUELINE M GAGNIER · RODNEY G SKILL · CHRISTINE H GALINSKI · DAVID N SMITH · PATRICIA-ANN STANNARD · ROBERT L THOMPSON · DONALD R TOWSLE
KENNETH L VICKERS · JACKIE REID · WOLF WEINBERG JR · JAMES BENJAMIN J DAVIS · RAYMOND W LESPERANCE · SEAN C WRIGHT · JOHN A WATKINS · DONNA A WEINZ · HENRY GING · CHUCK MAXIM · GREGORY B KONRAD · **JOUR 46** · DARLENE DUFAUL
KATIE TURNER · JOSH R ANDERSON · DAVID R BOYD · GRETA VAN BEEK · TIMOTHY D BOYLE · CARRIE BROUYETTE · ERIC A CHAMPAGNE · JASON R ANDRUKONIS · WENDY-LEE A BEAUCHAMP · MONICA N CHAMPAGNE · SEAN D COSTELLO · ERIN P CAMM
THERESA L DORION · GEORGE F ENGLAND · RICHARD J FOLKERINGA · MANUEL V GAUDARIO · GREG M GILLSON · SCOTT A HOLMES · JEAN-MARC L LACASSE · LOUIS P LACASSE · ANDRE LACASSE · JEFF MASSE · MARY BETH LAMANTIA · HOWARD R LE
LISA J LAUGHTON · DANIEL M MANSELL · SUSAN J THIBERT · KELLY L MARKHAM · VICTOR B MAURO · KENNETH T MCMILLAN · JAMES G MORAND · CHARLES G MORAND · MARGARET E MURPHY · ALLEN STEVENSON · ROBERT PADOIN · ELIZABETH
PARSONS · DOUGLAS W RAPKO · NATHALIE N PLOURDE · GLEN J REAUME · DEAN S REAUME · BARRY N SNIDER · CHARLES R MAASKANT · JASON N PERCY · CHRISTOPHER M PISTAGNESI · WILLIAM B MCKAY · MARY ANNE M VICKERD · JACQUELINE A BROV
DEAN P HORNICK · REBECCA A HUNTER · BRUCE E JACKSON · JOHN A LAFRAMBOISE · MELISA D RUSSELO · H MICHAEL BURRELL · HOLLISTER F DOLL · ROBERT A HARRIS · BRADLEY J WALKER · LISA A GRABEC-DOSKAS · LINDA A DOYLE · CHRIS
MOYNAHAN · LARRY O'CONNOR · LIANA J MOORHOUSE · GEORGE F SAMMUT · REBECCA M MCCLELLAN · CHRISTINE G SCHRAM · LISA C PINSONNEAULT · ALBERT PITRE · JOEY W TONKIN · MARY J SYMONS · MARIE C MCCRAE · JOE O'MALLEY · VALE
COSENS · PATRICK HILLS · SUMMER L N PRENEY · SUSAN K LAWSON · ROBERT MCMILLAN · JOAN V STANG · B PHILIPPE COYNE · ANDREA RAY · BRUCE GAMMIE · THOMAS GERVAIS · **JOUR 47** · RONALD W BODNAR · VINCE J BRYDEN JR · DAVE E LAMOURE
SHARRON E HUXLEY · PATRICK MORAN · SCOTT D PATERSON · TOM OVEREND · ROBERT E TOPLIFFE · DION P BILLETT · RONALD J BULLEY · WAYNE A COATSWORTH · STEVEN R CULP · ELDA M FERREIRA · LLOYD J FOURNIER · DOUGLAS J FREKER · WILLIAM
GUEST · EUGENE J GUILBAULT · STEVE M HASKELL · STEPHEN L HOOPER · MYRE E LESLIE · MATTHEW D METCALFE · MICHAEL S PENNER · BRIAN L HOADLEY · JEFF ALLEN · STUART J SUTTON · SHARON R WIERSMA · BRENDA J WILLCOX · GORDON K CARROL
SHELLEY L CONLIFFE · KATHERINE A SHERRING · JUDY M HAGAN · ALVIN H KRAAYFENBRINK · INGRID M DEKIEVIT · KA-YU LAW · BRIAN J MCCORMACK · HAZEL M SCHOFIELD · ALAN D RABIDEAU · KAREN R SIMPSON · LINDA H WATSON · BRYAN W WATSO
LAURA L DRURY · WAYNE D ALLEN · LINDA D CHALMERS · DAVID G CAREY · PATRICK R DEMETER · JACQUELINE L JACKSON · GERALD W VAN DECKER · DAVID J DELL · JOHN H EDGAR · MARYANN EDGAR · BRADLEY P EDLINGTON · CHRISTINE
GIANNANDREA · MR FRANK G HIGGINS · TERRY L HAMMOND · FRANK E LUMLEY · SHELLEY R GROSS · PATICIA L HOGAN · JAMES MARTELL · NICOLE I MCKINNELL · JAMES P NAGY · JAMES R PETTIT · HENDRICK C PLUG · KENNETH ROY · JAMES S SMOU
ELLEN M LUKUSIAK · JAMES R WEBB · PAUL A CARD · BILL PLAIN · CLAYTON C MACNEIL · SHERRILL A MARTIN · IAN M PEER · NANCY E NUGENT · BRENT B FLOOK · CONNIE J MILLS · MARGARET J WOOD · JEFF PERCIVAL · DENNIS ROBINSON · TREVO
TRISTRAM · JENNIFER L RAAYMAKERS · JOSEPH G WORONIUK · HEATHER A FREER · PHIL MATHIA · SCOTT MANSER · GISELLE MATHIA · HEATHER MANSER · **JOUR 48** · SUSAN C BURTON · STEPHEN K LIGHTFOOT · TRACY C FELL · TIMOTHY J SAMPSO
CHRISTOPHER P REGIER · JUDITH E WATT · KEVIN A BAGG · HELEN ROSS · ROBERT BELMONTE · MARY J BROWNLIE · LAWRENCE F DEMAEYER · JEFFERSON W GREENAWAY · DANA G MACKINLAY · TERRANCE J MILLS · JANICE A STRAUB · PETER R SCOT
STEVEN J BARCLAY · JOHN H BRYANS · MICHAEL P BRYCE · JOHN M JAMIESON · MELANIE N RECKER · EDWARD A KESKINEN · MICHAEL J CHESTER · CHRIS DAW · SEAN A MORTON · WENDY K SPRINGETT · BRIAN T CLEAVER · CYNTHIA L MOORE · BRIA
MACLEAN · JEREMY M FUNAMOTO · JAMES R GREEN · MARK E HORD · KARL R LOEB · SAMANTHA A BRITNEY · RICHARD G ABEL · RALPH V BALDWIN · BRIAN K BATY · DEBORAH E BELTON · FRANCIS R BAUER · STEPHEN K BRIGHTON · KATHARINE J BROG
BERNARD D CONWAY · LUCY H BROWN · DEBORAH S ETHERINGTON · SHAWN F HANNON · KEITH R FERGUSON · CHAD D FITZSIMMONS · DARLENE SUZETTE SEGUIN · JUDITH A FLANNIGAN · DANNY J FRANK · JOHN D FRIZZELL · MARC P GALA
MEREDITH A GARRETT · GINA M GERWATOWSKI · KIM ALLETSON · TED F GRZYWNIAK · KAREN GUILD · JULIA M HALL-HOLLAND · TERRI L JENSEN · ELSIE A VAN DEN HEUVEL · KEVIN W HODDER · DAVID T KENNY · EDWARD E KINBERGER · JEFFREY
KLOOSTER · JOHN G KOREEN · ANDREW R LANE · DIANE J LANG · GERRY L LATOUR · CAROLYNN J LANKIN · TANYA D MACCUSPEY · GORDON D MACKINTOSH · NEIL A MCLAUGHLIN · ALISON J MOORE · ROD L PARKER · DONNA M NEWTON · MARC PLAN
WILLIAM G PRAUGHT · DAVID T RIDEOUT · KRISTYN M SIDDALL · BUDDY C ROWLES · LORETTE F SAVAUGE · JOHN WELLS · JENNIFER GRAHAM · JULIE WEIMOUTH · JENNY BURGESS · LINDA L WILSON · CHRISTINE TEIXEIRA · DR SHIRLEY VANHOOF · DAV
K SOWERBY · TAMMY THOMPSON · PAULA TATAY · BOB WEILER · MARSHA D VAN ROOYEN · STEPHEN J CONNOR · DAVID A ROUND · DEAN M SIMPSON · **JOUR 49** · DONNABETH SWEETLAND · MARTHA E TEMPLIN · NORMAN E BIDDLE · THERESA A BARE
STEVEN R CRAIG · ANGELA R ARNETT · PATRICIA ARMSTRONG · DAVID W DOWNER · DEANNA L CALVERT · DAVID R GRASSIE · LIANE MARIE CREIGHTON · GRIEMENS T DOLORES · CARL HIEBERT · MICHAEL M HAYMAN · MAUREEN KIRKLAND DOW
HEWSON · LORI A DEROCHIE · DONALD G HOPE · BONNIE S HIGH · MICHAEL W MARSHALL · ELIZABETH J KUBETZ · GEORDAN C PATTERSON · RAY S PATY · BILL T SIMPSON · SHERRI E WANAMAKER · BARRY W WILCOX · JEFFREY D WISHART · AUDREY
GRAHAM · DOUGLAS W GULLONS · TERESA A HOWARD · DAVID D MULLEN · DIANE T DELLER · JOHN M O'CONNOR · SHANE K VAN ALLEN · MICHELLE CORBETT · TRACY M BATES · DOUGLAS ALLAN · JEFFREY A LEBOLD · STEPHANIE R DAY · DOUGLA
BELL · KIM WILLIAMS · DARREN J BIRCH · EARL EHGOETZ · TANYA M DEAVILLE · CLARE G AUGER · DAVID HOLLINGWORTH · RAYMOND A BAUER · JONATHON M BERGHAMER · MARIA L BORGES · BOB FORHAN · KAREN BOERE · JOHN C TAYLOR · MICHELL
CULP · PAUL M DOUCET · JOHN C EASTLAND · ROBERT G HALL · BRIAN R HILDERLEY · HANNAH L KING · VLADIMIR W KOLAR · CHRISTINA B KRAENZLE · TOM E LESTER · BRADLEY B LEHMAN · MICHAEL WEST · RAINER C MUELLER · JENNY STECKLEY · DAN
B ROBINSON · KATHERINE L SCHMIDT · WALTER B RAGULA · WILLIAM E BURKE · JEFFREY L CLARKE · STEVEN R SKILLINGS · LISA M MCPHERSON · DANNY G JOHNSTON · CATHERINE A MOSCALL · BRIAN G DEAN · KENNETH G CORMACK · CHRIS STRAH
ERIN WHITE · BRIAN PEDERSEN · GEOFF STUBBS · DEB ZELLAS · **JOUR 50** · ROBERT P BRAZEAU · RONALD SCHIAVO · LAWRENCE G ABEL · BRYAN H BROOMFIELD · LISA D CHARIE · JAMES J CAMMAERT · LEE-ANNE M D'AOUST · NORMAN M FINKELBER
SONYA DROUMTSEKAS · HARRY J GHOSH · CORIN B DEBRUSK · AMY C FINCH · RALF GOETZE · TIMOTHY P DIEBEL · KIMBERLY J ACKERNECHT · ALLYSON J HAGGERTY · JOSEPH A DUNHAM · BRENDA L KARN · STEVE W MARTIN · JENNIFER L KAY · FREDERIC
MCLACHLAN · MARY JOAN MCKEEVER · MICHAEL J MEDCALF · NIKOLA M MEHES · TRUDY L NOVAK · MIKE J MURDOCH · JOHN C RICHARDSON · CHRISTOPHER P ROGERS · CHRISTINE FACEY · GARY A BYRNE · MARGARET R ROYDS · TONY SALAJKO · KEVIN
SHANTZ · GARY K SMITH · MAUREEN L SZUCS · FRANK R VOLPINI · DIANE THOMPSON · DEBORAH A TAYLOR · TERRY W WATASZKO · RUBY WEBER · CHERYL GIBSON · RICH C WELTER · KATE E WHALE · CHARLES K BONTJE · RUSSELL M CULLINANE · RICHA
A MCCLEARY · CATHY L WALLACE · WILLIAM G MCNAB · KENNETH C BAKER · JULIE M HAMILTON · ERMINIO OLIVERI · MARY L LYNCH · DOUGLAS SPINKS · KAREN L JOHNSON · GEORGE R PERRY · DAVID M ALVES · SHERRY L DAMMEIER · REGINALD F RIDLE
HEATHER J HALLMAN · DONALD T KIRKPATRICK · SONJA B VAN DE HOEF · DALE C BARBOUR · MICHAEL J BRIGHTLING · VALARIE VANDE KEMP · KEVIN F COWARD · DEANNE L BAYKO · DAVID G HABKIRK · RICHARD J LANDRY · TERRY D MCLEAN · ROBERT
OLMA · HEATHER F SEARS · FREDERICK TIESMA · STEVEN W WATSON · MARIE-HELEN JOLY · CECILIA C SBRIZZI · JEAN-MARIE PEPIN · BRENDA L ERNST · LAURA GIFFORD · PHILIP ZIEGLER · NEIL MUNROE · ROGER TERNAN · CHRIS MCFARLANE · DAVID IRWI
DARYLL F DAVIES · REBECCA A HARDER · **JOUR 51** · JEFFREY M KINNIBURGH · GREGORY R MACDONALD · MONIQUE M MACKINNON · BRADLEY E ST CLAIR · MICHAEL J MENZIES · TERRY A BRAMHILL · STEPHEN J ROTHDEUTSCH · ALVIN J CLARK · LISA
KINDREE · SKIP GRANT · JANIE M REID · THOMAS M DEMBIE · LINDA L GUTHRIE · STEVEN M HALKO · ROMAN D HALKO · KARENA E LANDERS · GLEN K HESTER · SUSAN HOLLOWAY · ANDREA M MCCORMICK · WILLIAM S LINKLETTER · RANDY HUTCHINSO
YVETTE L MOORCROFT · PHILIP W PARKER · JEFF THEEUWEN · RYAN L STEVENS · MICHAEL C TRAIN · DAVE J VANSTONE · GORDEN R WEBBER · BRUCE HALL · TAMI E STRILCHUK · CRAIG C HUNTER · PETER NIIT · CATHERINE L SCULTHORP · ROBER
SCULTHORP · CHARLES D SOUTH · BROOKE C BURNETT · STEVE R MCEOWN · RACHEL A HALLER · MONIQUE C PURDON · DONALD K STANLEY · MICHELLE R VANKOOTEN · FRANK ZAHNT · CHRISTIANNE BANFIELD · BRIAN D LUCAS · WAYNE W MILLE
WILLIAM G IVES · AUDREY J STUKAS · LYNDA P SWAN-MATTHIES · ROBERT J BEATTY · ERIN C THOMAS · KIMBERLEE A GILLANDERS · GERRY J BESWORTH · JOHN H BRAY · DAVID P CONNELL · JAMES L CORMIER · OWEN A DYKSTRA · JAMES W FERGUSO
SHERYL ANN FRESHWATER · JOHN W HALL · NELSON B HARNDEN · MARYANNE L HOGG · WILLIAM J KENNEDY · GARY M LAURIN · WILLIAM R DYMOND · DONALD A SCOTT · JULIE IN PRINCIPE · JAMES E PRICE · TYLER H STRACHAN · LYNDA E ROTONE
GEORGE W TAYLOR · KEVIN CLOWES · LEEANNE LAVERTY · MONIKA KRAMER · KERRY RICHARDSON · SCOTT MARTIN · ROBERT C THORPE · JOSEPH E LIBRALESSO · **JOUR 52** · MR FRANCIS MAGUIRE · DARRYL PECK · FATHER MAURICE OUIMET · LEAH A AX
BLAIRE V BAKER · JIM B BEATTY · DAVID A CARTER · SUSAN M BUNKER · SHARON J KOPCZEWSKI · KATE MULLIGAN · GEORGE MORTON · JOSEPH A NEMANIC · ELLA M SMITH · COLIN H WELLS · WALTER K WELLS · JOHN E BIGELOW · JAMES BROOKER · WALT
M KENNEDY · ROBERT S BELL · ROGER D L'ESPERANCE · BRUCE C MCKAY · ALLAN R PAAVOLA · EDWARD E RIDGWAY · JASON J SMYTH · RICHARD G STOREY · ANGELA J WHETHAM · LIISA SAVIJARVI · MICHAEL J TRACE · ELIZABETH A LIPPERT · MICHAE
P BULAS · ALAN J JOHNSTON · LEONARD A BULL · ANGELA E BUSS · JOSEPH M CANDO · KIMBERLY A CARLSON · GARY A CARLSON · JOHN P GORDON · JASON J IRANI · JENNIFER L SHIPMAN · STEVEN J JOHNSTON · DAVID J MAHEU · BARRY L KELL · ROBI
OSMANN · SARAH J BEARCROFT · KATIE A ALEXANDER · WILLIAM D PEARCE · HEATHER A POTTER · BARRY W AULT · ROBERT C BARROW · HUGH A DORE · RICHARD L FULFORD · TIMOTHY B JOHNSON · MARIANNE C LOCKHART · PAULETTE C BRIGG
ROBERT G MATTHEWS · RONALD P FRASER · ANGELA J LAMIRANTE · JOANNE VALIN · MICHELE MARKLEY · THOMPSON E CLINE · SHAWNA L CLINE · NANETTE R FOX · JOHN R LETTS · ANN HEMPHILL · WILLIAM T PAYNE · THOMAS R GOUGH · **JOUR 5**
LAURA BUSKO · BRENT K SCHRINER · JACQUELINE L FEQUET · GEOFFREY W DIXON · CHAD C BROUGHTON · DONALD C BROUGHTON · MAURICE CHARLEBOIS · ERNEST M GUMMER · JOHN SEGUIN · WANDA M LAWHEAD · MICHAEL S MCCORMIC
CHERYL A O'NEIL · TIMOTHY A ROCHETTE · SHARLEEN D PIOTTO · FRANCIS PENASSE · JACQUES R SARRAZIN · CRAIG H SLATER · MICHAEL J WESTLEY · CAROLYN D LABRECQUE · TANYA MARIE NESTERENKO · JOHN A THORNTON · KENDRA SHEPHERDSO
STACEY L GOBBO · ROD A MACKAY · CHRISTOPHER E MACK · DOUGLAS F MARCON · LOUINE B MCCALLUM · CHANDA I OLIVIER · GEORGE M BRAKE · SUSAN M BOWERMAN · JOESEPH BUKATOWICZ · BRUCE G CLARKSON · SHERI L GAZZOLA · FREDERICK
HENNING · JAMES H IRVINE · DEREK S LAHNALAMPI · JOHN C KENNEDY · LARRY D KENNEDY · MICHEL A LAFOREST · DANNY R LAMOUREUX · CHRISTOPHER E LEFROY · PETER STANKIEWICZ · TREVOR J LESLIE · PAUL W MAKINEN · TIM E MALLETTE · DANIE
M MALO · BOUNO MANARIN · ADELE A MANNILA · MICHAEL E MORRIS · RICHARD J MOSS · CARL E NOEL · TINA LUISA PIETRANDREA · SAMUEL F SMITH · RAYMOND R ST-HILAIRE · THOMAS J STOTT · JULIA E SULLIVAN · GILLES G THERIAULT · JULIE J YOUN
DAVID E WHITE · GREGORY A WILSON · STEPHANIE L LAWSON · G L BUDAVARI · SCOTT E MARTIN · FRANK R NADEAU · LINDA M SCOTT · ALEX BAUMANN · NEIL M HENNESSY · MICHAEL LEBLANC · CHRISTY HYNDMAN · SHANNON S KENNEDY · JASO
KING · CHRISTOPHER CARAFIET · PHILIPPE FARMER · MARC ROWE · LEAH YOUNG · DALTON M RUSSELL · THOMAS HAIGHT · SEAN SCOTT · SALLY J LESK · TRACEY LYNN T GROTTOLI · ROLAND PORTELANCE · DANIEL C MICHAUD · GILLES T DERIAU
ANDREW CHAPADOS · **JOUR 54** · ALAN J BALLAK · STEPHEN M CADY · EVAN C EVANS · MARTIN M LABBE · CHRISTOPHER W LOCKMAN · GREGORY V NADEAU · TRACY MYRNA TOULOUSE · ROCH M GAUDRAULT · ROY MEAWASIGE · LAURIE A KENDRIC
JOHN R CAMPBELL · ERIC C STEWART · JASON K WOODS · BRADLEY C BADELT · JIM CADA JR · ELIZABETH M BARBER · CAROLYN M BARNES · LISA JEAN BELEC · ROBERT C DONALDSON · VALERY M CATCHPOLE · PAUL R BERNARD · JUDITH MARIE HORRIGA
DAVID S HALL · JOHN E GRANDMONT · FRANK FATA · RAYMOND J EBERTT · DOUGLAS J KING · RYAN J VLAAD · MARGARET L DEFAZIO · JOHN ROSE · NATALIE LUCILLE JEWETT · JOHN C PINE · DONNA L KREZEK · JEREME T YOUNG · LAURIE KREINE
RAYMOND R HURTUBISE · MARK O KIRK · ARTHUR J SHANNON · DANIELLE L BOUCHARD · CAROLE I HARE · DANIEL C LACROIX · KRISTA L KOMMUSAAR · JANE L MAITLAND · STANISLAW MASZCZAKIEWICZ · MAUREEN A KUNTZ · KATHLEEN A MARSHA
MICHAEL C MARSHALL · JAMES M MCLEAN · ALBERT A PIHLAJA · TOMMY G PORTER · DEBORAH L STEVENSON · LAURIE A STEVENSON · RICHARD D THOMAS · JANET M WOHLGEMUTH · ROBERT J WORKMAN · JOHN A MARRIOTT · **JOUR 55** · RHONDA L C
INGRID J BROWN · BADELT C BRADLEY · GAYLE L DAVEY · HENDRICUS M VAN DENZEN · CURTISS R NYSTEDT · CHRISTOPHER D BEMROSE · RUSSELL E MASON · CAROLINE J DUKES · ALISTAIR M MELVILLE · DAVID R MCLEAN · ROBERT J MONARC
STEPHANIE JONES · WILLIAM D NASH · DAVID M DUCETTE · PAUL A ORAZIETTI · RICHARD C TELFER · CAROLINE C DUBREUIL · JULIE M PALLOT · ROBERT J ZUFELT · MORLEY S MOSSING · REGIS A O'CONNOR · BILL ALLAN · DORY E DERESKI · DARYL E DER
DARREN C DICKSON · JOSEPH A GALLO · RONALD G HALE · JOY-LYNN C HATFIELD · HENRY F HECHLER · SANDRA L KEITH · ALAIN L MORIN · PAMELA C O'HEARN · TARA-LEIGH O'HEARN · AMBER L ROBINSON · CAROLE L STYRES · PAULA J PILON · GILBER
SABOURIN · ELEANOR DIANNA BILUK · **JOUR 56** · DAVID J DONAIS · PATRICIA L KOZLOVICH · GERALD J ROTAR · JOHN C SHAW · BRENDA L BELL · JAMIE C BOSLEY · DONNA L DUGUAY · GORDON F WOROSHELO · DOUGLAS P ADEY · JACQUELINE A DERR
GERALD M DONALDSON · CHRISTOPHER J GLYNN · AGNES M IWANCZYK · LAURENCE H SIMONS · GERALDINE A TURNER · DONALD G BENO · ROBERT E MCKINSTRY · MICHAEL D ADAMS · THEDA CASSIE · GEOFFREY B DAVIS · ORIAN L HARPER · ROBERT
ORLOWSKI · ELIZABETH M JOHNSTON · DANIEL M PEDWYSOCKI · SHERYL S KUSHNIER · WADE P ROONEY · JOANNA L LARSON · FRANCIS GOODCHILD · KENNETH M SHIELDS · SUSAN E MAYES · RAYMOND J MACISAAC · TREVOR T TUCKER · LES WILL
GEORGE ZURAWSKI · DAN COLES · SHELAGH MAUREEN BASHER · **JOUR 57** · PATRICK J CURRIE · ANDREW J LANKTREE · NICOLE R CLARK · CHRIS J CLARK · SHIRLEY F BOUCHER · THOMAS A CHANDLER · KENNETH E COMMISSO · GEORGE P FESNA
BENJAMIN C FORS · BARBARA A BRITTON · PATTI A GESSIE · RAYMOND H HOGARD · JOHN C HARGREAVES · WENDY D AIKEN · ERIK B ALLEN · CURT R ALLEN · DOUG KYLE · GLEN E HARRIS · DAVID R HARRIS · MARLENE J HEITLAND · JEANNE L HOGART
RICHARD O IRRGANG · JOANNE A HULSE · ANDREW JACKSON · ANDRE E JOLIN · KATHRYN S KIMPTON · R D KIMPTON · MIKE KOSKI-HARJA · GILBERT L LABINE · DANIEL M LAGACE · HOLLY E LAWRENCE · YVON LEBEL · LISA A LEMIEUX · DENNIS W MARTE
DIANNE L MCNICOL · MICHAEL E OBERT · KRYSTYNA PERRON · JOE W PALAHNUK · RONALD N VOPNI · THOMAS WARREN · HALVORSON N GLEN · SHARON A WISEMAN · TERANCE P YAKIMAK · TAMMY L ZUREVINSKI · DANNY J BROWN · EDIT
RAMANATHAN · THOMAS S DAWES · WAYNE R LAGACE · MURRAY D LARONDE · JON A MATSON · GLENDA J MYERS · CORINNE A WYNALDA · KENNETH H WASHBROOK · **JOUR 58** · KAREN M SEELEY · BRIAN K BEREZOWSKI · GWENN A BODIE · WILLIA
BOWMAN · ROBIN L BOURDEAU · DAVID A BUZZI · JANET A DAVIS · WALTER B CHAPMAN · PAMELA E DAWES · JAMES L DORRANCE · JAMES J FITZPATRICK · ERIN L GORRIE · GLENN A KRUGER · BONNIE J LLOYD · THOMAS D MCCULLOCH · STEPHE
MOYSEY · KATHY A PARADIS · ALLAN J POIRIER · VANESSA M STAFFORD · WALTER STECKY · KATHLENE S VIBERT · MARGARET R ALLAN · E ORVAL GOULIQUER · SHELLEY A BENSON · BRUCE A HOSSACK · ANNE R HOSSACK · ALEXANDER D MATIECE
TIMOTHY THIESSEN · DONNA J BRUNTON · RENATO A CARBONE · GARRY V LAPWORTH · HENRY H MILLER · TIM DONKERSLOOT · ROBERT W STARRATT · DEBRA G ROY · DAVID P MUSHQUASH · TANIA O LEGROS · DONALD HAINS · TED HAINS · HEATHE
CHAPMAN · FERGUS F CHAPMAN · ROBIN M DAWES · JOHN B LAKE · LORRAINE GUSTAFSON · LAURENCE DE MARCH · DAVID M MOUSSEAU · ALISON M OGDEN · GUNNAR W WIKANDER · TODD MULLIN · W ROBERT POILE · ROBERT TRUTHWAITE · JOSE
GALLIKER · LAURIE J HAYTON · KEN FORD · R NEIL KEATING · JENNIFER ANNE GOVIER · LEE F DONALDSON · **JOUR 59** · SHERRY LEE FAST · KEVIN R JONES · CYNTHIA D CONE · DAVID G GROFF · NATALEE-JO WIHNAN · KEITH J MACFARLANE · GLADSTON
BLACKMORE · GILLIAN M KING · DANIEL J LOHR · JENNIFER L TINSLEY · PUAL L HOMIK · LESLEY-ANN HARTSHORNE · RUSSELL J DEW · ROSS BULLEY · JOAN E ATKINSON · ROD M KUENEMAN · SUSAN D GEDDES · WILLIAM G GRABOWSKY · AMAND
HYWORREN · PATRICIA M GARRITY · MARK S OXER · BRANDEE J ALEXANDER · MATHEW COLLINSWORTH · ANGELA L LENFESTY · JANELLE RUE · DONNALEE R DREBIT · DONALD MICHALSKI · YVONNE MYAL · ALLEN M LEVENEC · DIANE T KEAM · CLIFFOR
POCKETT · COLIN M FLEMING · SYLVIA JENSEN · TOM S SCERBO · DOMINIQUE M NAYET · KIRSTIN J SWANSON · RONALD D OSTHUS · BRIAN J PIERCY · DAVID E MCCAIG · GORDON J NICHOLSON · NICHOLE T WILLARD · SAMUEL G NAYET · WENDY E RAL
ALICE J SZARKIEWICZ · BOB MORGAN · BRIAN A SCHIEWE · BRIAN L KESSLER · CRAIG L MCGREGOR · EDWARD M PIETRUSZKA · PAUL CHARTRAND · ANNIKA WEEKS-LINTOTT · CAMERON S WRIGHT · JERIN L STANLAKE · TREVOR J WARKENTIN · **JOUR 6**
JEFFREY W EASTON · CORINNE M DROBOT · PIERRE J CHEVRIER · DONALD S FLETCHER · ALLAN GREINER · ROBIN JOHNSTONE · YVON J W DUMONT · BLAINE M SENICK · TANIS SHYIAK · ZDAN R SHULAKEWYCH · CAROL E MCKINLEY-BENOIT · GERAL
DESMARAIS · PAULETTE M DESMARAIS · LEO G BLANCHETTE · DAVE MATEUSH · MONIQUE A RENAUD · THOMAS B DOBSON · ELEANOR A GAIDY · JIM A MELNYK · HEATHER L STASKA · LORNE FERLEY · SARAH E BALODIS · LEONARD RATZLAFF · PHILI
SCHAIBLE · WAYNE GOULET · FRANCIS E HANLON · PETER WILLIAMSON · BRANDY A CATTON · C JEAN BRITTON · KEVIN R CHATWIN · DOREEN A COST · DONALD K TERANISHI · JOCELYN A MILLS · KORY N SENIUK · CAROL D DUPRAS · BRIAN W KL
HEATHER L JACKMAN · SHERI T GOULD · DONALD W THIBIDEAU · DWAYNE F WASYLENKO · H PAUL GILBERT · JANICE A KENWORTHY · TIM A KLUMPER · GABRIEL A LEPAGE · TRACY LEIPSIC · JOHN MCKENZIE · MIKE SIRANT · DOUGLAS G PISTAWK
RAYMOND B JONES · ADRIANA M NAROZNIAQ · DARCY F LYTLE · KEVIN L LEWIS · TAMARA EWING · DENNIS J MARK · MARYBETH MAHER · HENRI P POTIER · GLENDA L FRASER · ROSEMARIE L PELOQUIN · DANA L TOROSSI · RANDALL E WILLIAMS · FRA
WINKLER · MARG M WEDLAKE · MICHAEL D DICKSON · KIM T WEBSTER · GARY A HANSEN · GEORGE M MACK · GEOFFREY S WILKINS · TAMMY J SWITZER · JUSTIN M LUCH · **JOUR 61** · FRANK DERKSEN · IAN B GREAVES · PAUL J BURGESS · CRAIG J HABERMA
BRENDA L CANTIN · TIM MCISSAC · RICHARD J ELDER · EUGENE M WARWARUK · CHERYL C SORENSON · DIANE RATNIK · ANDRE J GOBEIL · SARA M MULLER · TERRY G CABLE · MATTHEW A GUSTAFSON · RONALD I BELL · ALISON WHITAKER · DONAL
HUTCHINSON · PAMELA C KOWALCHUK · KAREN F LESCHYSHYN · STEVEN MAKSYMYK · FRANK M MARTENS · SHELDON L CAMERON · JEROLYN M MOYER · FRED J MURRAY · ALINE J SAUNDERS · HARLEY SHUSTER · THELMA I BROWN · LEANNE T MCDONAL
EDWARD J PETZ · KATREENA C WILSON · JIM W GOLDING · LARRY DOAN · BRENDA L HUCKELL · HUGH STRENDIN · DOROTHY PELLATT BODE · BARRY W BRODA · GREGORY D COOPER · JENI HORNUNG · RICHARD J TOFANI · LINDA CARLSON · DAVI
HUGHES · FLORIAN J SOBLE · LAWRENCE W CLARK · STEPHEN FOS · CARMAN BOSS · STACEY J REEVE · ROCHELLE A THOMLINSON · GARY MILLWARD · DONOVAN HOCKLEY · KENNETH MITCHELL · KEITH J COLLINS · KIMBERLEY QUINN · TARALYNE AKERM
SHANE DOREY · NICOLE T GLEIM · ALANA V GIBBENS · RAINA N BROWN · **JOUR 62** · CHRIS J ANGELL · ADELARD L DOUAN · KENT D LANG · DONALD H HULL · DEBRA L BAZARSKI · AARON A BENKO · DONNA M PLAUNT · RICHARD E KROGSGAARD · MA
B FOGEL · AUDREY J VAIL · H DOUGLAS RAMSAY · DEBRA LYNN NEDELCOV · HENRY J JOERISSEN · SCOTT LEITCH · PATRICIA L BARRICK · DWAINE J LAKE · WAYNE MCKENZIE · CELESTE A MORSE · BRIAN GROCHOLSKI · YVONNE M BACHIU · PHILIP
BARCHARD · PAMELA L KRYWULAK · WAYNE A CALDER · JENNIFER M ENGLISH · BRYDIE E BETHELL · RICHARD K LEACH · RICHARD ONG MARK · DIANE TAM · MARK T THIESSEN · TAFALINE D WALL · TODD G WALZ · BRENT FRANK · COLINS B GEBER · W J
MITCHELL · STEVEN C SAGAL · CHRISTEL SCHOLTEN · MARILYNN CAMPBELL · TERRI LYNNE SMITH · LORNA J ANAKA · DAVID L SPETZ · TERRY D GERGELY · MICHAEL G POWELL · JAMES G RUDACK · ROBERTA L REYNOLDSON · RICHARD R SIBBALD · GRAEM
SMITH · PAMELA R KRAUSHAAR · JASON D BODNARYK · STEVEN J BRIERE · JOLENE D FOSTER · ALLAN E ABRAHAM · JANINE DAUNCEY · REIM HIGAZI · LORNE M HUNTER · KEN THOMSON · JACINTHE M ASSELIN · **JOUR 63** · PAUL MEHLSEN · JOCELYN
PAQUET · CYNTHIA N READ · CORY W READ · CHERYL D LYONS · KIMBERLEY A MARSHALL · MARK T HENDRY · TRINA L LUBIANESKY · KEITH M WILSON · MELANIE M EREISER · KURT M BREKER · HOLLY L FLETCHER · BRUCE W HERGOTT · LYND
HARRINGTON · DAVID J CALLELE · RICHARD D BROKS · JUDY M LUCZKA · SANDY G MCVITTIE · DIANE F OKRAINETZ · FARLEY KELLETT · CRAIG MACKAY · DOROTHY M GEORGE · STEVEN R SILVERNAGLE · DWIGHT R SHANNER · TRENTON S JOHNSTO
ROBERT G SEMENOFF · MARY-ANN VERLINDEN · TREVOR E PFLEGER · JEREMY D WEIGEL · KIRBY W BOYCHUK · S CRAIG FISHER · TARA R CUSTER · LEONARD V LAPRAIRIE · WILLIAM J PACHOLKA · DONALD P PANCHUK · GLEN TROWELL · ROBERT
SYMCHYCK · DALE S POLISCHUK · GERALD M STONE · APRIL A VICZKO · HALEY N STEWART · STEPHEN R BLES · PETER F BERNARD · COLLEEN L KIRKHAM · RODNEY L BUCHAN · JAYSON S HEADRICK · ERICA A BUTTON · JAMES P HERREM · TREVOR J BELSH
CINDI J CLARK · DONALD J SIMPSON · ANITA TKACHUK · BILLY J DUPRE · SHERRY L WATT · CLAYTON L LANDRY · SHIRLEY J KRONE · COLIN A GOSSELIN · DANIEL H BOBOWSKI · CHARLENE NIEMAN · JOEL WILKINSON · LISA NIEMAN · JAMES F HUDSON SR
ALLAN SILZER · **JOUR 64** · RAY J BRAZEAU · NEILL A THOMPSON · MARK S EVESON · KAREN LEGRESEY · BRAD S LAUZON · BRENDA A FINLEY · TODD K HARKNESS · BOB LAUZON · KELLY A MUIRHEAD · ANN L LATIMER · ANDRE J TRICOTEUX · NORM
SANGRIS · LORNE A SMITH · SHARMALA R BUELL · DONNA M JOHNSON · KENN SMITH · DALTON E DALIK · VERNA FIRTH · JANICE A NIKKEL · LYNDA GERRY · IAN ORBELL · GRACE E LOREEN · STAN RUBEN · VICTOR DEMKO · BARRY COOK · FRANCIS C SEGU
VICTOR A BOTARI · RITA D FASICIEL · JASON R PAGE · LORRAINE LOKOS · PETER JOHN MATTHEW MAYCOCK · BRADLEY C JONES · STEPHEN CHARLIE · JOHN R WILCOX · WILLIAM A BENNETT · TOM FAIRMAN · DIEDRE P DAVIDSON · MICHAEL B BOLAN
WENDY E CHISHOLM · JAMES BOYDE · JANET M ARNTZEN · PAUL J MALLOCH · ARLENE L YEULET · GERRY A STOCKLEY · ALAN TAYLOR · RON MCFADYEN · JAMIE L PETERSEN · WILLIAM H RIVERS · PAUL C SIPPEL · **JOUR 65** · PHIL M ASHNIE · BONNIE G
DOUGLAS E DEAN · KELLY J FORD · TYLER KEDDIE · NICOLE L SCHMICK · CINDY M SIMPSON · CHARLES REID · KERISSA M DICKIE-BALL · DONNA D BULMER · GRANT E SPELSBERG · PATSY A SWENSON · JACK L REDKOP · ANGELA D RAPPEL · LANG
OLLENBERGER · RHONA E MACDOWALL · JASON W LEXA · JENNIFER D KOZMENIUK · GORDON M CRAMP · LORI A VAN BOUREN · LINDA M JOHNSON · JAMIE B BIRK · MARGARET F HARDWICK · TIMOTHY MUSTART · KATHRYN HANSEN · MARGARE
SURINAME · LAWRENCE W CLARK · LINDSAY A CLEMENTS · NEIL J CONNOLLY · TARA L DANIELSON · JOHN W BIRD · GAYLE K FLINTOFT · JASON C MARZINZIK · SUSAN M PEETERS · SIDNEY A ROSS · CARRIE L PAHOLKA · FRANCIS H BLUES · SHERRI L BOCKIN
WESLEY A CALDWELL · MICHELLE M MCMORROW · GORDON J OLAFSON · FRANK C BROWNI · SIDNEY MCKNIGHT · BRADLEY E GALNYIUK · ROBERTA M LANG · SCOTT TWERDOHLIB · LISE A GALL · JAMES A SWEET · KIERA L MCLAUGHLIN · ROBERT F RY
MICHAEL J DORAN · PAUL FAKE · WERNER HOOGE · LOUISE C MCGUIRE · ARYN J HANSON · NORMAN E HOOPER · DARYL C JARVIS · IAN P MOONEY · JASON SEAN PAUL NEAULT · LEE S PENDERGAST · MIREILLE N ROLLMANN · ZEB KING · FAYE V BURGE
ARON D CABLE · BILL JOHNSTON · JASON D LEWIS · JANET M OGG · ANTHONY HOYLE · STEFANIE R HORSFALL · MICHAEL K HENSHALL · COLETTE N IDIENS · ALEXANDER B STUART · MARK D WHALLEY · DARLENE G HOBENSHIELD · F BRIEN DOLAN · MC
FRISCH · ASHOK K BHANGER · DIANE E ECCLES · GLADYS C DICY · JESSE D DICY · DOUGLAS A DICY · YVONNE J BIRCH · KARIM M AUSTIN · ROY A BICKELL · JACQUELINE A COHOON · MICHAEL A BROOKS · SHANE W FERGUSON · JANINE E FLIN
CHRISTOPHER CARGILL · CHRISTINE A MACCASKILL · ROBERT D DAVIES · SHAWN C FEARING · BOB MILONE · RAE M SMITH · AVRIL SOKOLOWSKI · MICHAEL D WALKER · BRIAN D MATTHEWS · WESLEY J LOGAN · RICHARD D KELLER · ANDREW M KAJE
NICK HOEKSTRA · BRUCE C HOBSON · DAPHNE E WILSON · MIKE A GALLOP · HANNAH L SHOOP · JOE J EDGINGTON · LESLIE MACGREGOR · TYLER G CHANDLER · ANNE TIPPETT · MELISSA FLINT · LAURIE MCLEOD · JAMES COONEY · LAURA J FORN · ROBER
M BUCKLEY · LYNDA M FYFE · JAMES A MCPHAIL · SHAWN M ROBSON · SUSAN G VALDAL · **JOUR 66** · CARLA BURTT · JEFFREY S LLOYD · ZETA N RAMIER · THOMAS V HEAD · TERESA D ROBSON · RICHARD G DACK · KENNETH THOMAS LANGEVIN · STACE
KERKHOFF · DENIS E KABUSH · BONNIE L LINEKER · SAMANTHA K LINEKER · DAVID G LINEKER · NORMAND ROUETTE · PATRICIA V MCAFFER · EUGENE P MILES · SONJA A TOEKWARD · ANDREW G MORRISON · COURTNEY M MCMILLAN · BRENDA M LUC
DAVID A COVERDALE · WENDY LYNN CRAIG · CELINE M FORAND · HUGH MCCOURT · MR N WILLIAM BINGHAM · SUSAN N DUNBAR · LUCAS J ST CLAIRE · SHIRLAYNE DENNING · COREY J GAUNT · STEVEN N DELVES · NEIL S FERGUSON · KATHERIN
HENTGES · JOHN A HENTGES · LORI A HITCHCOX · BEN S MAARTMAN · KAREN S MARY F KENYON · PETER C GEDDES · MARION A LINDBERG · BROOKS W LEHTONEN · ELIZABETH MOORE · GEORGE LOEPP · PAULA D SCHINDEL · NORMAN S MARSHALL · NET
STEVENSON · GLEN C MCPHERSON · JULIA T TURNER · ALSTON M MILLER · KATHERINE FRANK · FRED BOB · KATIE BOB · GEORGE HARRIS · ANGELA WHITE · ARTHUR C NESBITT · ROBERT L WRIGHT · KENNETH WARREN · SAUL D SPEARING · AARON W STO
FRAN FOWLER · THOMAS A SMILLIE · PETER J RYDING · JEAN E GRAHAM · MICHAEL J BALDWIN · PATRICK J BRAND · CHARLENE S CORRIN · KEITH H DOMINA · SUE J PERELL · MICALYNN B THOMPSON · HOWARD KELSEY · JULIE A RAYMER · HELGE JENSI
LEANNE M DOUGLAS · DOUGLAS G RUSSELL · AMY C LUNG · CRAIG MCCONNELL · MS CLAUDE F POMEROL · PHILIP M MCCORMOD · MELISSA A KNOX · DIANE E O'CONNOR · ROYSTON A PREVOST · EDWARD H SAMUEL · RONALD F HEAL · TYLE
HEISTERMAN · WALTER E KROEGER · DAVID A MCKAY · BRENT MACTAVISH · JAMIE LUND · ROB BORTOLOTTO · TODD CREED · FRANK W NASH · BENJAMIN R WALTERS · LEWIS T KAMANN · **JOUR 67** · GERRY A VAN DOORN · DEBBIE L BROWN · DES
DESCOTEAU · SHELLEY L GOODWIN · DAVID F MOORE · DAVID JAMES RUMMEY · GERALD W STEELE · JANICE MASON · DARRIN M BARR · GEORGIE YATES · KEN W CROWSHAW · MARGARET H MOSCRIP · ROY L CROCKER · MICHAEL R BLUSSON · KEL
CROTEAU · PAUL M JUOKSU · WANDA MACDONALD · KENNETH W CHIDLOW · SYLVIA IRIS CURRIE · MICHAEL A FOSTER · DARLENE C PLAMONDON · ROBIN J PEARSON · IAN A WILLIAMS · VERONICA M LUKASCH · ANDRE MELNYK · DEBRA A MANUL
LEGER JOSEPH J COURTEMANCHE · JENNIFER M POST · TRAVIS W MERRIMAN · JEN M SHERIDAN · SASCHA B WILLIAMS · JUDITH M COULTER · ERIC N OLSON · DAN J SULZ · DAVID R DENIS · CHRISTOPHER D IVERSON · MARILYN D MORRIS · IAN C PHILLI
LYNN E BRYDOON · WALDEMAR BIERNACKI · CLARE CHARLOTTE CRONIN · MARK BROWN · WENDY L DAVIES · KENNETH F CLOW · THERESA A HARRIS · TREVOR D FAWCETT · HEATHER M HARRIS · ALLEN S GLEDHILL · MARK D FOREMAN · MARY-LO
STACEY · LANCE S HASTINGS · DONNA L LARSEN · GLENN S HOLSTIN · LORENA MCCALLUM · SAHR MCLEAN · MURRAY A JAMES-GROOM · DUNCAN W KIRKPATRICK · LEE A PEACOCK · SEAN DENNIS MARSHMAN · STEPHEN J SAFAR · TOM B BREWST
DAVID A LOEWEN · JARRET V OLSON · PETER J EASTICK · NEIL J NEWTON · GORDON A PRILL · JEFFREY D NASH · BRYAN W LUDWIG · JAMES A LAUDER · WAYNE E GRAY · FRENERICK PLEASURE II · KIMERLY ANNE SKEATES · JAMES S AINEWORTH · ROSS L ATK
DAVID ROSS · WILLIAM CRAWFORD · DALE ORTON · GLEN A ALLEN · CHRIS GUSS · DARREN KENNEDY · KEVIN ROBILLARD · MIKE BEHARRELL · SCOTT PAULY · WALLY BZDELL · MIKE ZIMMER · MICHAEL BIGGS · **JOUR 68** · CHARLIE G CUNNINGHAM · MAR
NEWSON · PETER M SIMKIN · COLIN J BEXSON · LYNN A CLARKE · GRAEME D BEGG · ANITA J LAMMERS · JOSEPH JEAN ROGER BOIVIN · TRYNTJE HORN · DEAN CRAWFORD · PATRICK TEMIR · CARL MOENCH · MARY E PARTRIDGE · RON J COLEBORN · LO
A DE LUGT · WERNER W HEIB · CHRISTINA M SHEPHERD · ROBERT H PERRY · MIEKA J VANDONKERSGOED · MINDY D ARCHER · RICHARD L CHARLTON · GWENDOLYN E LOCK · RICHARD H PETERSEN · MICHELLE B HOLLINGWORTH · CHARLIE G COLEM
NIKOLA Z ZANIC · CHARLES R YOUNG · DEAN DUBE · SHEPFARD D STEWART · LORNE W MACKIE · DOUGLAS T LUM · KENNETH G HORNE · MARK A MARES · DONALD G OLSTEAD · CHRISTOPHER W RICKETTS · AARON S HASSON · CHRISTOPHER J K